JN153733

相続を見据えた計画的な生前贈与のポイント

松岡章夫／山岡美樹 共著

- 令和6年1月1日以後用相続時精算課税選択届出書を掲載
- 暦年課税と相続時精算課税のメリット・デメリット
- 暦年課税と相続時精算課税の相続税における取扱い相違点
- シミュレーションから読み解く相続時精算課税選択のタイミング
- 不動産・金融資産など財産の種類別贈与の留意点

一般財団法人 大蔵財務協会

はじめに

　令和6年から贈与税の制度が大きく変わりました。大きく分けて①相続時精算課税制度の110万円基礎控除の創設、②暦年課税における相続前加算が3年から7年に延長、という二つの改正です。①は、平成15年度に創設された相続時精算課税制度の考え方を大きく変えたと言っていいでしょう。②は、相続税と贈与税の一体課税を目指すものです。この相続前加算制度は、昭和28年度に創設されたものでスタート時は2年前加算でした。その後、昭和33年に3年に延びて以来の改正です。

　これらの改正については、令和5年3月に「令和5年からはじめる計画的生前贈与のシミュレーション」という本で、解説をさせていただきましたが、今回はその本の改訂版である位置づけではあります。前著同様、財産規模別の贈与のシミュレーションを行ったほか、相続時精算課税制度と暦年課税について徹底的に比較をして、それぞれの特徴が理解できるように大きく書き加えました。それぞれの制度のメリット、デメリットを理解することにより、新制度となってからどちらの贈与を選択すべきか悩まれている方々に一定の回答をお示しできるのではないかと期待をしています。そして、本書の題名を「相続を見据えた計画的な生前贈与のポイント」としました。

　本書が、相続税に悩み、生前贈与をどれくらい、どちらの制度で行ったらいいのか、悩んでおられる方々の参考になれば幸いです。前著でも書きましたが、このことは富裕層だけの問題だけではありません。そして、そのアドバイスに当たる税理士、弁護士、公認会計士をはじめ、専門家の皆様の理解につながれば幸いです。

　最後に、本書の刊行の機会を与えていただいた大蔵財務協会には心から感謝申し上げます。

　令和7年1月

執筆者を代表して
松岡　章夫

凡 例

相法……相続税法

措法……租税特別措置法

通法……国税通則法

相令……相続税法施行令

相基通……相続税法基本通達

評価基本通達……財産評価基本通達

本書は、令和6年12月30日現在の法令・通達によっています。

〈目次〉

序章　令和6年以後の相続税・贈与税の基本的な考え方 ……… 1

1　はじめに …………………………………………………………… 1
2　改正の基本的な考え方 …………………………………………… 2

第1章　令和6年以後の相続税・贈与税の概要 ……… 3

1　相続税の仕組み …………………………………………………… 3
2　贈与税の仕組み …………………………………………………… 4
　(1)　暦年課税 ……………………………………………………… 4
　(2)　相続時精算課税 …………………………………………… 10
　　　―令和6年1月1日以後用相続時精算課税選択届出書― ……… 12
　(3)　贈与税の課税方式（暦年課税と相続時精算課税）の比較 ……… 30
3　暦年課税と相続時精算課税のメリット・デメリット ………… 31
　(1)　暦年課税・相続時精算課税制度共通のメリット・デメリット …… 31
　(2)　暦年課税のメリット・デメリット ……………………… 33
　(3)　相続時精算課税のメリット・デメリット ……………… 37
　(4)　暦年課税と相続時精算課税の選択上の留意点 ………… 53
　　　―相続時における暦年課税と相続時精算課税の適用関係の
　　　　相違点一覧表― ……………………………………………… 54
4　贈与税の申告内容の開示請求制度 …………………………… 55
　(1)　開示内容 …………………………………………………… 56
　(2)　添付書類 …………………………………………………… 57
　(3)　相続時精算課税の選択におけるクライアントへの説明のポイント …… 60
　　　―クライアントへの確認書（ひな形）― ……………………… 61
5　贈与税の非課税措置 …………………………………………… 62

(1) 相続税法の生活費・教育費の非課税規定……………………62
　(2) 贈与税の配偶者控除の特例……………………………………62
　(3) 直系尊属からの住宅取得等資金の贈与に係る贈与税の非課税……………………………………………………………………64
　(4) 教育資金の一括贈与に係る贈与税の非課税措置の改正……66
　(5) 結婚・子育て資金の一括贈与に係る贈与税の非課税措置の改正……………………………………………………………………69

第2章　財産種類別の生前贈与の活用と留意点……71

1　贈与税申告の現状……………………………………………………71
　(1) 贈与財産種類別、課税状況………………………………………72
　(2) 贈与財産価額階級別、課税状況…………………………………73

2　財産の種類別贈与のポイントと注意点………………………74
　(1) 現預金………………………………………………………………74
　(2) 不動産………………………………………………………………78
　(3) 上場株式……………………………………………………………79
　(4) 非上場株式…………………………………………………………80
　(5) 同族会社への貸付金………………………………………………85

第3章　令和6年以後の贈与の最適解の検証……87

1　実務の対応の原則……………………………………………………87
2　平均税率・限界税率の考え方………………………………………88
3　遺産額別の最適な贈与事例の検証…………………………………90
　① 遺産が5億円のケース………………………………………………90
　② 遺産が3億円のケース………………………………………………105
　③ 遺産が2億円のケース………………………………………………119
　④ 遺産が1億円のケース………………………………………………126

⑤　遺産が8,000万円のケース·················133
　　⑥　遺産が10億円のケース···················140
　　⑦　遺産が20億円のケース···················154
4　第二次相続まで加味した場合（財産が20億円のケース）·······170
5　配偶者なしの場合·······························176
　　①　法定相続人が子2人・遺産が10億円のケース·······176
　　②　遺産が2億円のケース····················189

第4章　相続税贈与税に関する民法改正の概要·······199

1　遺留分と特別受益の関係·························199
　(1)　特別受益となる贈与財産····················199
　(2)　遺留分算定の基礎となる贈与財産··············205
2　遺留分の金銭債権化····························210
　(1)　税法の規定·····························210
　(2)　国税庁Q&Aの改訂······················212
　(3)　譲渡所得についての補足解説·················214
3　中小企業における経営の承継の円滑化に関する法律による民法の特例·······························215
　(1)　遺留分に関する特例······················215
　(2)　要件·································216
　(3)　後継者の保有及び贈与株式の条件··············217

第5章　今後の課題·······························219

1　相続税の課税方式······························219
2　相続時精算課税関係····························219
3　暦年課税関係································220
4　住宅取得等資金の贈与を受けた場合の非課税措置、教育資金の一括贈与に係る贈与税の非課税措置、結婚・子育て資金の一

括贈与に係る贈与税の非課税措置……………………………………………220

（参考）第23回生命表……………………………………………………221

令和6年以後の相続税・贈与税の基本的な考え方

1 はじめに

　相続税・贈与税については、平成31年度税制改正大綱において、「わが国においては、平成15年に相続時精算課税制度が導入されており、本制度の適用を選択すれば、生前贈与と相続に対する一体的な課税が行われるが、本制度は必ずしも十分に活用されていない。今後、諸外国の制度のあり方も踏まえつつ、格差の固定につながらないよう、機会の平等の確保に留意しながら、資産移転の時期の選択に中立的な制度を構築する方向で検討を進める。」と記され、令和2年度、令和3年度、令和4年度税制改正大綱においても引き続き検討を進める旨が示されていました。

　そこで、令和4年10月、政府税制調査会第4回総会での議論を踏まえ、政府税制調査会における議論の素材を整理するため、政府税調内に「相続税・贈与税に関する専門家会合」が設置されました。

　本会合においては、第1回会合において「中期的な課題」として「現行の法定相続分課税方式の見直しも含め、相続税・贈与税のあり方について、どのような方向性が考えられるか」が議論され、第2回会合において「当面の課題」として現行の課税方式の下、「相続時精算課税の使い勝手の向上」、「暦年課税による相続前の贈与の加算期間の見直し」、「各種贈与税の非課税措置」の論点が議論されました。第3回の会合（非公開）にて議論を重ねた後、令和4年11月8日に有識者会合として論点整理がまとめられ、その後、税制調査会での審議を経て令和5年度税制改正において、当面の課題について、以下のような一定の方向性が

示されました。

2 改正の基本的な考え方

　令和5年度税制改正大綱（令和4年12月16日自由民主党・公明党）の資産課税において、「高齢化等に伴い、高齢世代に資産が偏在するとともに、いわゆる『老老相続』が増加するなど、若年世代への資産移転が進みにくい状況にある。高齢世代が保有する資産がより早いタイミングで若年世代に移転することとなれば、その有効活用を通じた経済の活性化が期待される。

　一方、相続税・贈与税は、税制が資産の再分配機能を果たす上で重要な役割を担っている。高齢世代の資産が、適切な負担を伴うことなく世代を超えて引き継がれることとなれば、格差の固定化につながりかねない。

　わが国の贈与税は、相続税の累進負担の回避を防止する観点から、相続税よりも高い税率構造となっている。実際、相続税がかからない者や、相続税がかかる者であってもその多くの者にとっては、贈与税の税率の方が高いため、生前にまとまった財産を贈与しにくい。他方、相続税がかかる者の中でも相続財産の多いごく一部の者にとっては、財産を生前に分割して贈与する場合、相続税よりも低い税率が適用される。

　このため、資産の再分配機能の確保を図りつつ、資産の早期の世代間移転を促進する観点から、生前贈与でも相続でもニーズに即した資産移転が行われるよう、諸外国の制度も参考にしつつ、資産移転の時期の選択により中立的な税制を構築していく必要がある。」との基本的な考え方（資産移転の時期の選択により中立的な税制の構築）が示され、相続時精算課税の改正、相続前贈与加算の改正以上の経緯、趣旨を踏えて以降で説明するシミュレーション等を参考に対策を行なわれればと思います。

第1章 令和6年以後の相続税・贈与税の概要

1 相続税の仕組み

　相続財産の合計額から、債務（葬式費用を含む。）、基礎控除額を控除した課税価格を法定相続分で按分し、累進税率を適用して相続税の総額を計算し、この総額を各人の取得財産の額に応じて按分した税額を納税する仕組みとなっています。

● 相続税の計算の仕組み

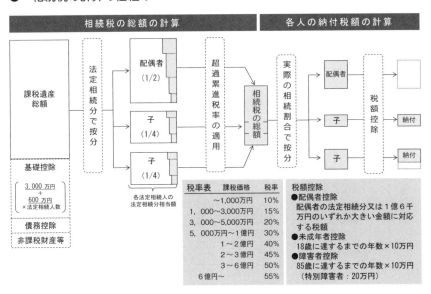

（相続税：財務省ホームページより）

● 相続税の税率

法定相続分に応ずる取得金額	税率	控除額
1,000万円以下	10%	—
3,000万円以下	15%	50万円
5,000万円以下	20%	200万円
1億円以下	30%	700万円
2億円以下	40%	1,700万円
3億円以下	45%	2,700万円
6億円以下	50%	4,200万円
6億円超	55%	7,200万円

2 贈与税の仕組み

贈与税の課税方法は暦年課税と相続時精算課税があります。

(1) 暦年課税

贈与税の暦年課税は、暦年ごとに贈与額に対して基礎控除110万円を控除した後に累進税率を適用して計算をします。

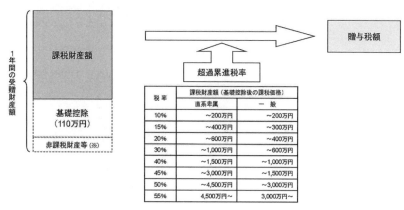

(※) 扶養義務者相互間の生活費又は教育費に充てるための受贈財産
　　 婚姻期間が20年以上の配偶者から贈与を受ける居住用不動産（限度：2,000万円）等

(財務省ホームページより)

① 相続時の対応

贈与者の相続時には、死亡前7年以内の贈与額を贈与者の相続財産に加算して相続税を課税することとされています。

② 相続開始前7年以内に贈与があった場合に相続税の課税価格等に加算される額

ア 概要

相続又は遺贈により財産を取得した者が相続開始前7年以内にその相続に係る被相続人から贈与により財産を取得している場合には、その者については、その者の相続税の課税価格にその贈与により取得した財産の価額を加算した金額をその者の相続税の課税価格とみなし、その課税価格に基づいて算出された相続税額からその加算に係る受贈財産について課せられた贈与税額を控除した金額がその者の納付すべき相続税額とされます。

ポイント！1　相続前贈与の加算期間には経過措置があります

				適用開始年	経過措置		7年加算開始				完全移行
令和2年	令和3年	令和4年	令和5年	令和6年	令和7年	令和8年	令和9年	令和10年	令和11年	令和12年	令和13年
2020年	2021年	2022年	2023年	2024年	2025年	2026年	2027年	2028年	2029年	2030年	2031年
加算	加算	加算	死亡年								
	加算	加算	加算	死亡年							
		加算	加算	加算	死亡年						
			加算	加算	加算	死亡年					
				加算	加算	加算	死亡年				
				加算	加算	加算	加算	死亡年			
				加算	加算	加算	加算	加算	死亡年		
				加算	加算	加算	加算	加算	加算	死亡年	
					加算	加算	加算	加算	加算	加算	死亡年

ポイント：相続の開始7年以内とは
相続開始：令和5年4月1日の場合　⇒　令和2年4月1日～令和5年4月1日の贈与が対象
相続開始：令和9年7月1日の場合　⇒　令和6年1月1日以後の贈与が対象
相続開始：令和13年7月1日の場合　⇒　令和6年7月1日以後の贈与が対象

> **ポイント！2**
>
> 本件規定は、相続又は遺贈により財産を取得した相続人等に適用があります。生前に贈与財産を取得していても、相続又は遺贈により相続財産を取得しなければその適用がないことから、相続財産を取得しないように遺言書等を作成することにより本件規定の回避も可能です。

イ　相続税の課税価格に加算される額

　相続開始前3年超7年以内に贈与を受けた財産の価額は、総額100万円までは相続税の課税価格に加算されません。

> **ポイント！**
>
> | | 令和5年12月31日以前に贈与により取得 | 令和6年1月1日以後に贈与により取得 |
> |---|---|---|
> | 加算期間 | 相続開始前3年以内 | 相続開始前7年以内 |
> | 加算額 | 贈与により取得した財産の価額の合計額 | 同左
（ただし、相続開始前3年超7年以内に贈与により取得した財産については、総額100万円までを控除） |

ウ　具体的な計算例

> **Q**　相続の開始前3年以内に取得した財産以外の財産がある場合の加算対象贈与財産に係る相続税の課税価格に加算される金額及び暦年課税分の贈与税額控除の計算
>
> 　私が父と母から次のとおり財産の贈与を受けていた場合に仮に父が令和10年6月21日に死亡した際の相続税の課税価格に加

算される金額と相続税から控除される暦年課税分の贈与税額控除の金額はいくらになるのでしょうか。

贈与財産のいずれにも、相続時精算課税は選択しないものとします。

＜贈与財産等の概要＞

	贈与日	贈与者	種類	贈与時の価額	贈与税額
①	令和6年1月20日	父	現金	20万円	9万円
②	令和6年6月30日	母	現金	180万円	
③	令和7年2月1日	父	現金	50万円	19万円
④	令和7年5月15日	母	現金	150万円	
⑤	令和7年12月7日	父	現金	100万円	

A 相続税の課税価格に加算される金額　100万円

暦年課税分の贈与税額控除の金額　10.4万円

解説

1　加算対象期間

相続又は遺贈により財産を取得した日（注1）	加算対象期間	相続の開始前3年以内に取得した財産以外の財産に係る期間（100万円控除が適用される期間）
令和6年1月1日から令和8年12月31日まで	相続の開始の日から遡って3年目の応当日から当該相続の開始の日までの間	
令和9年1月1日から令和12年12月31日まで	令和6年1月1日から相続の開始の日までの間	令和6年1月1日から、相続の開始の日から遡って3年目の応当日の前日までの間（注2）
令和13年1月1日以後	相続の開始の日から遡って7年目の応当日から当該相続の開始の日までの間	相続の開始の日から遡って7年目の応当日から、当該相続の開始の日から遡って3年目の応当日の前日までの間

(注)1 原則として、「相続の開始の日（被相続人の死亡の日）」により判定
2 相続又は遺贈により財産を取得した日が令和9年1月1日である場合には、相続の開始の日から遡って3年目の応当日が令和6年1月1日となることから、相続の開始前3年以内に取得した財産以外の財産に係る期間（100万円控除が適用される期間）は生じません。

2 問へのあてはめ

(1) 相続又は遺贈により財産を取得した日（相続の開始の日）

　　令和10年6月21日（令和9年1月1日から令和12年12月31日まで）

(2) 加算対象期間

　　令和6年1月1日から令和10年6月21日（相続の開始の日）までの間

(3) 相続の開始前3年以内に取得した財産以外の財産に係る期間

　　令和6年1月1日から令和7年6月20日までの間

　　※ 相続の開始の日から遡って3年目の応当日
　　　→令和7年6月21日
　　　相続の開始の日から遡って3年目の応当日の前日
　　　→令和7年6月20日

3 加算対象贈与財産の価額と贈与税額控除の金額の計算

　問の事例では、父の死亡に係る加算対象期間（令和6年1月1日から令和10年6月21日までの間）内に暦年課税に係る贈与により取得した財産（①、③及び⑤）が、加算対象贈与財産に該当することとなります。

　この場合、父の死亡に係る相続税の課税価格に加算される金額及び暦年課税分の贈与税額控除の金額は、それぞれ次のとおりとなります。

(1) 甲の死亡に係る相続税の課税価格に加算される金額（加算対象贈与財産の価額）

イ 相続の開始前3年以内に取得した財産以外の財産の価額
$$\underset{(①の価額)}{20万円} + \underset{(③の価額)}{50万円} - \underset{(100万円控除)}{100万円} = △30万円 \Rightarrow \boxed{0円}$$

※1 加算対象期間のうち相続の開始前3年以内に取得した財産以外の財産に係る期間（令和6年1月1日から令和7年6月20日までの間）に取得した財産（①及び③）が100万円控除の対象となります。

※2 相続の開始前3年以内に取得した財産以外の財産の価額の合計額が100万円以下のため、相続税の課税価格に加算される金額は、0円となります。

ロ 相続の開始前3年以内に取得した財産の価額
$$\underset{(⑤の価額)}{100万円}$$

ハ 合計額（加算対象贈与財産の価額）
$$\underset{(イの金額)}{0万円} + \underset{(ロの金額)}{100万円} = 100万円$$

(2) 相続税額から控除される暦年課税分の贈与税額控除の金額

イ 令和6年分の贈与
$$\underset{(贈与税額)}{9万円} \times \frac{\overset{(①の価額)}{20万円}}{\underset{(①の価額)}{20万円} + \underset{(②の価額)}{180万円}} = 0.9万円$$

ロ 令和7年分の贈与
$$\underset{(贈与税額)}{19万円} \times \frac{\overset{(③の価額)}{50万円} + \overset{(⑤の価額)}{100万円}}{\underset{(③の価額)}{50万円} + \underset{(④の価額)}{150万円} + \underset{(⑤の価額)}{100万円}} = 9.5万円$$

※ 相続の開始前3年以内に取得した財産以外の財産（①及び③）については、100万円控除をする前の価額に基づき、暦年課税分の贈与税額控除の金額を計算することとなります。

ハ 暦年課税分の贈与税額控除の金額の合計額
$$\underset{(イの金額)}{0.9万円} + \underset{(ロの金額)}{9.5万円} = 10.4万円$$

（令和6年7月2日　資産税課情報第12号問1－1改変）

(2) 相続時精算課税

　60歳以上の両親（祖父母）から18歳以上の子供（孫、養子を含む。）に贈与をした場合に、この課税制度の適用を選択した場合（選択後は撤回できず、暦年課税制度に戻ることはできません。）、贈与財産額から基礎控除額110万円を控除した残額から特別控除額（累積2,500万円）を控除した後に一律20％の税率で課税が行われます。

> **ポイント！**
>
> 　相続時精算課税に係る贈与税の基礎控除（110万円）について、同一年に２人以上の特定贈与者から贈与を受けた場合には、特定贈与者ごとの贈与税の課税価格で按分します。
>
>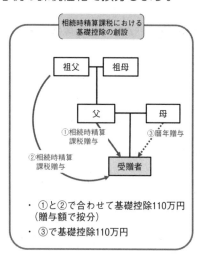
>
> （自民党税制調査会資料より）

● 相続時精算課税の仕組み

制度の仕組み	3,000万円を生前贈与し、1,500万円を遺産として残す場合の計算例（法定相続人が配偶者と子2人の場合）	【参考】暦年課税の場合
贈与時 ① 贈与財産額から**基礎控除額を控除した残額**を贈与者の相続開始まで**累積** ② 累積で2,500万円の非課税枠 ③ 非課税枠を超えた額に一律20％の税率	（贈与額）3,000万円　（基礎控除後の累積贈与額）2,890万円 2,890万円　特別控除2,500万円　→20％課税　納付税額78万円 基礎控除:110万円	納付税額1,036万円
相続時 **基礎控除後の累積贈与額**を相続財産の価額に加算して、相続税額を精算	相続額1,500万円　基礎控除後の累積贈与額2,890万円 4,390万円＜基礎控除：4,800万円 ・無税 ・贈与時の納付税額78万円は還付	無税
	合計納税額 0円	1,036万円

○ 相続時精算課税制度を選択できる場合（暦年課税との選択制）贈与者：60歳以上の者
　受贈者：18歳以上の贈与者の直系卑属である推定相続人及び孫

（注）相続時精算課税制度における基礎控除については、令和6年1月1日以後の贈与について適用される。

（財務省ホームページより）

① 相続時精算課税を受けるための手続

　相続時精算課税に係る贈与税の基礎控除が設けられた結果、特定贈与者から贈与を受けた財産の価額が基礎控除以下である場合には、贈与税の申告が不要となりました（相法28①②）。

　この場合には相続時精算課税選択届出書のみを提出することになり、その旨を相続時精算課税選択届出書に記載することとされました（相令5①前段、5の6①前段、相規10①四、②五）。

相続時精算課税選択届出書

（令和6年分以降用）

税務署受付印

令和＿＿年＿＿月＿＿日
＿＿＿＿税務署長

受贈者
住所又は居所	〒　　　　　電話（　－　－　）
フリガナ	
氏名（生年月日）	（大・昭・平　　年　　月　　日）
個人番号	
特定贈与者との続柄	

○相続時精算課税選択届出書は、必要な添付書類と一緒に提出してください。

私は、下記の特定贈与者から令和＿＿年中に贈与を受けた財産については、相続税法第21条の9第1項の規定の適用を受けることとしましたので、下記の書類を添えて届け出ます。

記

1 特定贈与者に関する事項

住所又は居所	
フリガナ	
氏名	
生年月日	明・大・昭・平　　年　　月　　日

2 年の途中で特定贈与者の推定相続人又は孫となった場合

推定相続人又は孫となった理由	
推定相続人又は孫となった年月日	令和　　年　　月　　日

（注）孫が年の途中で特定贈与者の推定相続人となった場合で、推定相続人となった時前の特定贈与者からの贈与について相続時精算課税の適用を受けるときには、記入は要しません。

3 相続時精算課税選択届出書の提出方法（該当する場合は、□に✓印を記入してください。）
　□ 私は、贈与税の申告書を提出しないため、相続時精算課税選択届出書を単独で提出します。
　（注）贈与税の申告書を提出する場合には、贈与税の申告書（第一表及び第二表）に添付して提出する必要があります。

4 添付書類（次の書類の添付がなされているか確認の上、□に✓印を記入してください。）
　□ 受贈者や特定贈与者の戸籍の謄本又は抄本その他の書類で、次の内容を証する書類（贈与を受けた日以後に作成されたものを提出してください。）
　　（1）受贈者の氏名、生年月日
　　（2）受贈者が特定贈与者の直系卑属である推定相続人又は孫であること

　　（※）1　租税特別措置法第70条の6の8（（個人の事業用資産についての贈与税の納税猶予及び免除））の適用を受ける特例事業受贈者が同法第70条の2の7（（相続時精算課税適用者の特例））の適用を受ける場合には、「(1)の内容を証する書類」及び「その特例事業受贈者が特定贈与者からの贈与により租税特別措置法第70条の6の8第1項に規定する特例受贈事業用資産の取得をしたことを証する書類」となります。
　　　2　租税特別措置法第70条の7の5（（非上場株式等についての贈与税の納税猶予及び免除の特例））の適用を受ける特例経営承継受贈者が同法第70条の2の8（（相続時精算課税適用者の特例））の適用を受ける場合には、「(1)の内容を証する書類」及び「その特例経営承継受贈者が特定贈与者からの贈与により租税特別措置法第70条の7の5第1項に規定する特例対象非上場株式等の取得をしたことを証する書類」となります。

（注）この届出書の提出により、特定贈与者からの贈与については、特定贈与者に相続が開始するまで相続時精算課税の適用が継続されるとともに、その贈与を受ける財産の価額は、相続税の課税価格に加算されます（この届出書による相続時精算課税の選択は撤回することができません。）。

作成税理士		電話番号	

※税務署欄	届出番号	名簿番号	確認	番号確認	身元確認	確認書類
	-				□ 済	個人番号カード／通知カード・運転免許証
	通信日付印　年　月　日		（確認者）		□ 未済	その他（　　　）

※欄には記入しないでください。

（資5-42-A4統一）（令6.12）

なお、特定贈与者から相続時精算課税に係る基礎控除を超える金額の贈与を受けた場合や、特定贈与者から贈与により取得した財産の価額が相続時精算課税に係る基礎控除以下であってもその財産以外の財産を贈与により取得したため贈与税の申告が必要となる場合には、相続時精算課税選択届出書を贈与税の申告書に添付して提出することとされています（相令5①後段、5の6①後段）。

Q 同一年中に贈与を受けた相続時精算課税対象財産の価額が基礎控除額を超え、暦年課税対象財産の価額が基礎控除額以下の場合の贈与税申告書の記載について

　同一年中に贈与を受けた財産について相続時精算課税と暦年課税の適用を受ける場合において、相続時精算課税に係る財産の価額が相続時精算課税に係る基礎控除額（110万円。以下「精算課税の基礎控除額」といいます。）を超え、暦年課税に係る財産の価額が暦年課税に係る基礎控除額（110万円。以下「暦年課税の基礎控除額」といいます。）以下であっても、当該暦年課税に係る財産についても申告書に記載する必要がありますか。

　また、相続時精算課税に係る財産の価額が精算課税の基礎控除額以下で、暦年課税に係る財産の価額が暦年課税の基礎控除額を超える場合はどうでしょうか。

A

　相続税法第28条第1項においては、「贈与により財産を取得した者は、その年分の贈与税の課税価格に係る第21条の5、第21条の7及び第21条の8の規定による贈与税額がある場合、又

は当該財産が第21条の9第3項の規定の適用を受けるものである場合（第21条の11の2第1項の規定による控除後の贈与税の課税価格がある場合に限る。）には、……課税価格、贈与税額その他財務省令で定める事項を記載した申告書を納税地の所轄税務署長に提出しなければならない。」と規定されており、この場合の課税価格とは、暦年課税の基礎控除額及び精算課税の基礎控除額の控除前の額（同法第21条の6の規定の適用を受ける場合には同項の規定の適用前の額）をいうとされています。

　したがって、照会の場合には、相続時精算課税に係る財産の価額が精算課税の基礎控除額を超え贈与税の申告書の提出が必要となるため、暦年課税に係る財産の価額が暦年課税の基礎控除額以下であっても暦年課税に係る財産について申告書に記載する必要があります。

　同様に、暦年課税に係る財産の価額が暦年課税の基礎控除額を超える場合には、相続時精算課税に係る財産の価額が精算課税の基礎控除額以下であっても相続時精算課税に係る財産について申告書に記載する必要があります。

　なお、相続税精算課税に係る財産の価額が精算課税の基礎控除額以下であり、かつ、暦年課税に係る財産の価額も暦年課税の基礎控除額以下の場合には、贈与税の申告書の提出は不要です。

㊟　初めて相続時精算課税を適用する方は、贈与税の申告書の提出が不要な場合であっても相続時精算課税選択届出書の提出が必要です。

（国税庁ホームページ質疑応答事例より）

Q 贈与者が贈与をした年の中途において死亡した場合の「相続時精算課税選択届出書」の提出先等

贈与者が贈与をした年の中途において死亡した場合、贈与を受けた財産について相続時精算課税の適用を受けるために提出する相続時精算課税選択届出書の提出先及び提出期限はどのようになるのでしょうか。

A 相続時精算課税選択届出書に係る受贈財産は、贈与税の申告は必要ありません。また、相続時精算課税選択届出書の提出先等は次のとおりです。

(1) 受贈者に係る贈与税の申告書の提出期限以前に贈与者の死亡に係る相続税の申告書の提出期限が到来するとき

提出先	贈与者に係る相続税の納税地を管轄する税務署長
提出期限	贈与者に係る相続税の申告書の提出期限
提出方法	相続税の申告書に添付(申告を要しない場合は届出書のみ提出)

(2) 贈与者の死亡に係る相続税の申告書の提出期限前に受贈者に係る贈与税の申告書の提出期限が到来するとき

提出先	贈与者に係る相続税の納税地を管轄する税務署長
提出期限	受贈者に係る贈与税の申告書の提出期限
提出方法	相続時精算課税選択届出書のみ提出

解説

贈与をした者が年の中途において死亡した場合には、相続時精算課税選択届出書の提出は、贈与をした者の死亡に係る相続税の納税地の所轄税務署長にしなければならないこととされています(相令5③)。例外的に、相続税の納税地の税務署長に

> 提出することとしているのは、納税者と税務署双方の事務処理の便宜を考慮してのものだとされています。
>
> 　また、贈与をした者が年の中途において死亡した場合、受贈者の贈与に係る贈与税の提出期限までに贈与をした者の死亡に係る相続税の申告書の提出期限が到来するときは、相続時精算課税選択届出書の提出は、相続税の申告期限までにしなければなりません。この場合において、贈与をした者の死亡に係る相続税の申告書を提出するときは、相続時精算課税選択届出書の提出は相続税の申告書に添付することとされてます（相令5④）。この選択届出書の提出を相続税の申告期限までとしているのは、他の共同相続人を含めて正確な相続税の計算と申告を期限内に行うためであるとされています。

② 相続時精算課税適用財産について評価誤り等が判明し修正申告を行う場合の特別控除の適用

　相続税法第21条の12（相続時精算課税に係る贈与税の特別控除）第1項の規定は、贈与税の期限内申告書の提出がない限り、適用がなく贈与税の期限内申告書の提出がなかった場合におけるゆうじょ規定も設けられていません（相基通21の12-1）。

　したがって、申告漏れ財産は、期限内申告書に特別控除の適用を受けようとする財産としての記載がない（特別控除を適用する場合の申告要件を満たしていない）ことから、特別控除の適用を受けることはできません。

　一方、申告期限後に申告した財産について評価誤りがあった場合には、期限内申告書に特別控除の適用を受けようとする財産として既に記載があることから、正しい控除を受ける金額の記載がなかったことについてやむを得ない事情があると税務署長が認める場合に

は、正しい控除金額を記載した修正申告書の提出があったときに限り、修正申告により増加する課税価格についても特別控除の適用を受けることができます（相法21の12③）。

> **Q** 相続時精算課税選択届出書を単独で提出した後に贈与税の期限後申告書を提出する場合の相続時精算課税の適用の可否（令和6年1月1日以後の贈与の場合）
>
> 　甲は、父から株式の贈与を受け、株式の価額が100万円（相続時精算課税に係る基礎控除の額（110万円）以下）であることから、贈与税の申告書は提出しないで、贈与税の申告書の提出期間内に相続時精算課税選択届出書のみを提出しました。
>
> 　その後、株式Aの価額について評価誤りが判明したため、贈与税の期限後申告書を提出することとなりました。
>
> 　この場合、相続時精算課税を適用して贈与税額を計算できますか。
>
> **A**
>
> 　相続時精算課税を適用して贈与税額を計算することができます。
>
> 　ただし、株式について贈与税の期限内申告書の提出がなかったため、相続時精算課税の特別控除は適用されません。
>
> 　贈与税額は、次の算式により計算した金額となります。
>
> 　（是正後の株式の価額 －　110万円（基礎控除額） － 0円［精算課税の特別控除額］）×20％
>
> （国税庁ホームページ質疑応答事例を一部改変）

> **Q** 相続時精算課税に係る贈与により取得した財産について申告漏れ等が判明し修正申告を行う場合の特別控除の適用（令和6年1月1日以後の贈与の場合）

甲は、X年に父からの贈与により取得した財産について、相続時精算課税を選択して、次のとおり贈与税の期限内申告を行いました。

【贈与税の申告状況】

特定贈与者	財産	贈与時の価額	相続時精算課税に係る基礎控除額	基礎控除後の課税価格	特別控除額	贈与税額
父	現金	1,200万円	110万円	1,090万円	1,090万円	0円

その後、同年中に特定贈与者である母からの贈与により取得した財産（1,000万円）の申告漏れを把握したため、贈与税の修正申告書を提出することとなりました。なお、甲はX－1年に母からの贈与により取得した財産について、相続時精算課税を選択して、特別控除額の未使用額が1,000万円あります。この場合、修正申告により新たに納付すべき贈与税額はいくらになりますか。

> **A**

相続時精算課税の特別控除は、期限内申告書に控除を受ける金額その他必要な事項の記載がある場合に限り適用を受けることができることとされています。

また、相続時精算課税の適用を受ける財産について上記の事項の記載がない贈与税の期限内申告書の提出があった場合において、その記載がなかったことについてやむを得ない事情があ

ると税務署長が認めるときは、その記載をした書類の提出があった場合に限り、特別控除の適用を受けることができることとされています。

　したがって、母からの贈与により取得した財産（1,000万円）は、期限内申告書に特別控除の適用を受けようとする財産として記載がないことから、特別控除の適用を受けることができません。

　一方、父からの贈与により取得した財産（1,200万円）については、期限内申告書にその記載があることから、正しい控除を受ける金額の記載がなかったことについてやむを得ない事情があると税務署長が認める場合において、正しい控除金額を記載した修正申告書の提出があったときは、修正申告により増加する課税価格についても特別控除の適用を受けることができます。

　この場合における修正申告により新たに納付すべき贈与税額については、次のとおり計算し、190万円となります。

(1)　父からの贈与により取得した財産に係る贈与税額。

　　イ　再計算後の相続時精算課税に係る基礎控除額（当初申告：110万円）

$$110万円 \times \frac{1,200万円\,(父からの財産の価額)}{1,200万円\,(父からの財産の価額) + 1,000万円\,(申告漏れ財産の価額)} = 60万円$$

　　ロ　贈与税額

$$(1,200万円 - \underset{(イの金額)}{60万円} - \underset{\substack{[精算課税の\\特別控除額]}}{1,140万円}) \times 20\% = 0円$$

※　修正により増加する課税価格についても特別控除の適用が受けられる（1,090万円→1,140万円）ものとして計算しています。

(2) 母からの贈与により取得した財産（1,000万円）に係る贈与税額

　イ　再計算後の相続時精算課税に係る基礎控除額（当初申告：110万円）

$$110万円 \times \frac{1,000万円\text{（申告漏れ財産の価額）}}{1,200万円\text{（父からの財産の価額）} + 1,000万円\text{（申告漏れ財産の価額）}} = 50万円$$

　ロ　贈与税額

$$(1,000万円\text{（申告漏れ財産の価額）} - 50万円\text{（イの金額）} - 0万円\text{（精算課税の特別控除額）}) \times 20\% = 190万円$$

(3) 修正申告により新たに納付すべき税額

$$190万円\text{（(2)ロの金額）} - 0円\text{（当初申告額）} = 190万円$$

（国税庁ホームページ質疑応答事例を一部改変）

③ 相続時の対応

　この課税制度により贈与した特定贈与者の相続時には、この制度を利用して累積した贈与額を相続財産に加算して相続税を課税（納付した贈与税は税額控除し納付した贈与税が多い場合は還付）されます。

④ 相続時精算課税を適用した場合の相続税の課税価格に加算される額

　ア　概要

　　贈与時に相続時精算課税に係る贈与税の基礎控除により控除された額については、特定贈与者の相続時に特定贈与者の相続税の課税価格に加算されません。

　　したがって、基礎控除後の累積贈与額を贈与時の時価で相続財

産に加算することになります。

> **ポイント！**
> 贈与時に相続時精算課税に係る贈与税の基礎控除により控除された額については、特定贈与者の相続時に特定贈与者の相続税の課税価格に加算されません。

イ　相続時精算課税に係る土地又は建物の価格の特例

　相続時精算課税適用者が特定贈与者からの贈与により取得した土地又は建物が、その贈与を受けた日から特定贈与者の死亡に係る相続税の申告書の提出期限までの間に災害によって相当の被害を受けた場合（相続時精算課税適用者（相続税法第21条の17又は第21条の18の規定により相続時精算課税適用者に係る権利又は義務を承継したその相続人及び包括受遺者を含みます。以下同じです。）が、その土地又は建物を贈与により取得した日から災害が発生した日まで引き続き所有していた場合に限ります。）において、相続時精算課税適用者が贈与税の納税地の所轄税務署長の承認を受けたときは、土地又は建物の贈与の時における価額からその災害により被害を受けた部分に対応するものとして計算した金額を控除した残額が、特定贈与者の死亡に係る相続税の課税価格に加算又は算入されます。

ウ　具体的な計算例

> **Q**　相続時精算課税適用者が特定贈与者から暦年課税及び相続時精算課税に係る贈与を受けていた場合の相続税の課税価格に加算される金額
>
> 　私が父からの贈与により次のとおり財産の贈与を受けていた場合に、仮に父が令和14年3月15日に死亡した際の父の相続税

の課税価格に加算される金額はいくらになるのでしょうか。

＜贈与財産等の概要＞

	贈与日	贈与税の課税方式	贈与時の価額
①	令和7年1月20日	暦年課税	100万円
②	令和7年6月12日	暦年課税	200万円
③	令和11年2月1日	暦年課税	250万円
④	令和11年4月7日	暦年課税	150万円
⑤	令和12年3月31日	相続時精算課税	110万円

A　相続税の課税価格に加算される金額500万円

　父の死亡に係る相続税の課税価格に加算される金額は、次の算式により計算した金額となります。

(1)　**相続時精算課税の適用を受ける財産の価額**

$$\underset{(⑤の価額)}{110万円} - \underset{(基礎控除額)}{110万円} = 0円$$

(2)　**暦年課税に係る贈与により取得した財産（加算対象贈与財産）の価額**

$$(\underset{(②の価額)}{200万円} + \underset{(③の価額)}{250万円} - \underset{(100万円控除)}{100万円}) + \underset{(④の価額)}{150万円} = 500万円$$

※1　①の財産は、加算対象期間（令和7年3月15日から令和14年3月15日までの間）内の贈与により取得した財産でないため、相続税の課税価格に加算されません。

※2　②及び③の財産は、相続の開始前3年以内に取得した財産以外の財産に該当することから、これらの財産の価額の合計額から100万円控除をした残額が加算されます。

(注)　相続時精算課税適用者が特定贈与者（被相続人）から相続又は遺贈により財産を取得しなかった場合でも、当該特定贈与者からの贈与により取得した財産（⑤の財産）の価額が相続時精算課税に係る基礎控除の額を超えないときは、当該特定贈与者の死亡に係る相続税の課税価格に加算される金額はない（零となる）こととなりますが、この場合においても、加算対象期間のうち相続時精算課税の適用を受ける年分の前において、当該特定贈与者から暦年課税に係る贈与により取得した財産（②から④までの財産）があるときは、相続税法第19条第1

項の規定の適用があり、その財産の価額は相続税の課税価格に加算されることとなります。

(令和6年7月2日 資産税課情報第12号問1-2改変)

Q 特定贈与者が贈与をした年の中途に死亡した場合の相続税及び贈与税の課税価格に加算等される贈与財産の価額（令和6年1月1日以後に2人以上の特定贈与者からの贈与があった場合）

甲（相続時精算課税適用者）は、X年に特定贈与者である父及び母からの贈与により次のとおり財産を取得しましたが、同年中に父が死亡しました。この場合において、当該財産につき、父の死亡に係る相続税の課税価格に加算される金額及び丙からの贈与により取得した財産に係る贈与税の課税価格に算入される金額はそれぞれいくらになりますか。

【贈与財産の内訳】

特定贈与者	種類	贈与時の価額
父	現金	2,000万円
母	現金	200万円

A

相続時精算課税の適用を受ける財産については、当該財産の価額から相続時精算課税に係る基礎控除の額を控除した残額が贈与税の課税価格に算入されることになりますが、相続開始の年に特定贈与者である被相続人からの贈与により取得した相続時精算課税の適用を受ける財産については、贈与税の申告を要しないこととされています。

一方で、特定贈与者の死亡に係る相続税の計算においては、

こうした相続開始の年に特定贈与者からの贈与により取得した財産の価額から相続時精算課税に係る基礎控除の額を控除した残額は課税価格に加算されることとなります。

この基礎控除の額について、同一年中に相続時精算課税の適用を受ける財産を贈与した特定贈与者が2人以上いる場合で、そのうちに贈与をした年中に死亡した特定贈与者がいるときは、その死亡した特定贈与者からの贈与により取得した財産の価額も贈与税の課税価格に含めて、それぞれの特定贈与者の相続時精算課税に係る基礎控除の額を算出します。

したがって、照会の金額については、次のとおり計算し、父の死亡に係る相続税の課税価格に加算される金額は900万円、母からの贈与により取得した財産に係る贈与税の課税価格に算入される金額は90万円となります。

(1) 父の死亡に係る相続税の課税価格に加算される金額

$$1{,}000万円_{(現金)} - \left(110万円 \times \frac{2{,}000万円_{(現金)}}{2{,}000万円_{(現金)} + 200万円_{(現金)}}\right) = 900万円$$

(2) 母からの贈与に係る贈与税の課税価格に算入される金額

$$100万円_{(現金)} - \left(110万円 \times \frac{200万円_{(現金)}}{2{,}000万円_{(現金)} + 200万円_{(現金)}}\right) = 90万円$$

(国税庁ホームページ質疑応答事例を一部改変)

エ 相続時精算課税適用財産について評価誤り等が判明した場合の相続税の課税価格に加算される財産の価額

相続税の課税価格に加算される財産の価額とは、贈与税の期限内申告書に記載された課税価格ではなく、当該贈与税の課税価格

計算の基礎に算入される当該財産に係る贈与の時における価額と解されています（相法21の15①、相基通21の15－1・2）。したがって、贈与税の期限内申告書に記載された課税価格に誤りがあれば、是正された後の当該財産に係る贈与の時における価額が相続税の課税価格に加算される財産の価額となります。

なお、当該贈与税については更正をすることはできなくなった場合も同様で、この場合、相続税額から控除される贈与税相当額は、課せられた贈与税相当額となります（相法21の15③）。

> **Q** 相続時精算課税に係る贈与により取得した財産について贈与税の除斥期間経過後に評価誤り等が判明した場合の相続税の課税価格に加算される金額（令和6年1月1日以後の贈与の場合）
>
> 甲（相続時精算課税適用者）は、特定贈与者である父及び母からの贈与により取得した財産について、次のとおり贈与税の申告を行っていました。
>
> 【贈与税の申告状況】
>
> | 特定贈与者 | 財産 | 贈与税の課税価格 | 相続時精算課税に係る基礎控除額 |
> |---|---|---|---|
> | 父 | 株式 | 500万円 | 50万円 |
> | 母 | 現金 | 600万円 | 60万円 |
>
> 父が死亡したことから、相続税の課税価格に加算される株式の評価を見直したところ、父からの贈与により取得した株式の価額について評価誤り（正当額：1,000万円）があることが分かりました。なお、この贈与税については除斥期間が経過しています。
>
> この株式につき父の死亡に係る相続税の課税価格に加算され

る金額はいくらになりますか。

A

　特定贈与者からの贈与により取得した財産について、特定贈与者の死亡に係る相続税の課税価格に加算される金額は、当該財産に係る贈与税の申告書等に記載された課税価格ではなく、贈与の時における価額により計算した金額とされています。

　そのため、贈与税の除斥期間の経過日以後に贈与税の申告書等に記載された贈与財産の価額が評価誤り等により異なることを把握した場合であっても、その評価誤り等を是正した後の当該財産に係る贈与の時における価額により計算した金額となります。

　一方で、この場合における相続税の課税価格に加算される金額の計算に当たり、是正した後の財産の価額から控除される相続時精算課税に係る基礎控除の額については、是正後の財産の価額に基づき再計算した金額ではなく、贈与税の申告書等に記載された相続時精算課税に係る基礎控除の額となります。

　したがって、照会の金額については、次のとおり計算し、父の死亡に係る相続税の課税価格に加算される金額は950万円となります。

　父の死亡に係る相続税の課税価格に加算される金額
　　　（是正後の株式の価額）（基礎控除額）
　　　1,000万円 － 50万円 ＝ 950万円

（国税庁ホームページ質疑応答事例を一部改変）

⑤ 相続税額の２割加算

相続、遺贈や相続時精算課税に係る贈与によって財産を取得した人が、被相続人の一親等の血族（代襲相続人となった孫（直系卑属）を含みます。）及び配偶者以外の人である場合には、その人の相続税額にその相続税額の２割に相当する金額が加算されます（相法18①）。

● **相続税額の２割加算の対象となる人**

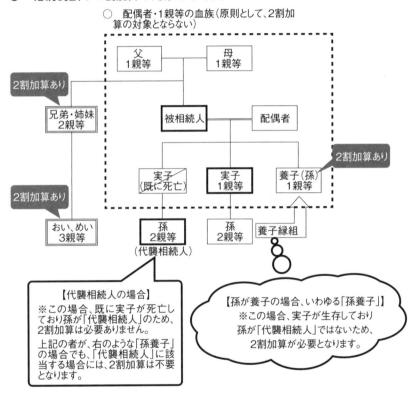

なお、被相続人の養子は、一親等の法定血族であることから、相続税額の２割加算の対象とはなりません。ただし、被相続人の養子となっている被相続人の孫は、被相続人の子が相続開始前に死亡したときや相続権を失ったためその孫が代襲して相続人となっているときを除き、相続税額の２割加算の対象になります（相法18②）。

また、相続時精算課税適用者が相続開始の時において被相続人の一

親等の血族に該当しない場合であっても、相続時精算課税に係る贈与によって財産を取得した時において被相続人の一親等の血族であったときは、その財産に対応する一定の相続税額については加算の対象になりません（相基通18-5）。

> **Q** 相続時精算課税適用者（養子）に係る相続税額の２割加算
>
> 甲の養子Aは、甲から贈与を受けた財産について相続時精算課税の適用を受けていました。甲の死亡に係る相続税の計算において養子Aの相続税の課税価格に算入される当該相続時精算課税適用財産について、相続税額の２割加算の規定は適用されますか。
>
> **A**
>
> 相続時精算課税適用者であるAは、甲の養子に当たる一親等の法定血族であることから、相続時精算課税適用財産について相続税額の２割加算の規定は適用されません（相法18）。
>
> （国税庁ホームページ質疑応答事例を一部改変）

> **Q** 相続時精算課税適用者（孫養子）に係る相続税額の２割加算
>
> 養子A（甲の直系卑属である孫）は、甲から贈与を受けた財産について相続時精算課税の適用を受けていました。甲の死亡に係る相続税の計算において養子Aの相続税の課税価格に算入される当該相続時精算課税適用財産について、相続税額の２割加算の規定は適用されますか。

A

　相続時精算課税適用者であるAは、甲の直系卑属であり、かつ、甲の養子に当たる者ですから、相続時精算課税適用財産について相続税額の2割加算の規定が適用されます（相法18）。

（国税庁ホームページ質疑応答事例を一部改変）

ポイント！　養子縁組解消前後の相続時精算課税

　養子縁組の解消により特定贈与者の推定相続人でなくなった場合の相続時精算課税の適用は、その特定贈与者からの贈与により取得した財産については、引き続き相続時精算課税が適用されます。

【養子縁組の解消（離縁）前後に財産の贈与を受けた場合】

　養子縁組の解消前の贈与㈿について、相続時精算課税の適用を受けている場合には、養子縁組の解消後の贈与㈱についても、相続時精算課税が適用されます（相法21の9）。

　しかし、養子縁組成立前の㈤の贈与については、特定贈与者の一親等の血族である推定相続人に該当しないため、相続時精算課税を適用することはできません。

（国税庁ホームページタックスアンサーを一部改変）

(3) 贈与税の課税方式（暦年課税と相続時精算課税）の比較

区分	暦年課税	相続時精算課税
贈与者・受贈者	親族間のほか、第三者からの贈与を含む。	60歳以上の者から18歳以上の推定相続人及び孫への贈与
選択	不要	必要（贈与者ごと、受贈者ごとに選択） →一度選択すれば、相続時まで継続適用
申告	基礎控除（年間110万円）以下の場合は申告不要	基礎控除（年間110万円）以下の場合は申告不要 ただし、適用初年度は「相続時精算課税選択届出書」の提出が必要
課税時期	贈与時（その時点の時価で課税）	同左
控除	基礎控除（毎年：110万円）	【令和5年12月31日以前】 特別控除 2,500万円（限度額まで複数回使用可） →【令和6年1月1日以後】 基礎控除（毎年：110万円） 特別控除 2,500万円（限度額まで複数回使用可）
税率	10%〜55%の8段階	一律20%
相続時	【令和5年12月31日以前】 相続前3年以内に受けた贈与財産を相続財産に加算 【令和6年1月1日以後】 相続前7年以内に受けた贈与財産を相続財産に加算（4〜7年前に受けた贈与については、総額100万円まで加算しない。）	【令和5年12月31日以前】 相続時精算課税制度を適用した贈与財産を贈与時の時価で相続財産に加算 【令和6年1月1日以後】 贈与財産を贈与時の時価（基礎控除額を除く。）で相続財産に加算
還付	不可	相続税額を超えて納付した贈与税は還付

(参考) 贈与税の税率

〈一般税率〉

基礎控除後の課税価格	税率	控除額
200万円以下	10%	—
300万円以下	15%	10万円
400万円以下	20%	25万円
600万円以下	30%	65万円
1,000万円以下	40%	125万円
1,500万円以下	45%	175万円
3,000万円以下	50%	250万円
3,000万円超	55%	400万円

〈特例税率〉(直系尊属から18歳以上の者への贈与)

基礎控除後の課税価格	税率	控除額
200万円以下	10%	—
400万円以下	15%	10万円
600万円以下	20%	30万円
1,000万円以下	30%	90万円
1,500万円以下	40%	190万円
3,000万円以下	45%	265万円
4,500万円以下	50%	415万円
4,500万円超	55%	640万円

3 暦年課税と相続時精算課税制度のメリット・デメリット

(1) 暦年課税・相続時精算課税制度共通のメリット・デメリット

メリット

① **値上がりが期待される財産又は収益性のある財産の有効活用**

　将来価値が上昇する財産を贈与すると有効であり、収入を多く得られる賃貸不動産などを贈与すると有効です。

② 相続税の取得費加算制度が使える

　相続した譲渡所得の対象となる資産（株式、不動産など）を譲渡した場合に、相続税相当額を取得費に加算する制度を適用することができます（措法39）。

　相続した株式と同一銘柄の株式を相続開始前より保有している場合には、相続した株式から優先的に譲渡したものとして取り扱うことができます（措通39-20）。

③ 相続株式の自己株式取得のみなし配当不適用が使える

　相続した株式について、自己株式の買い取りがあった場合に、みなし配当が不適用となります（措法9の7）。

　相続した株式と同一銘柄の株式を相続開始前より保有している場合の取り扱いは上記②と同じです（平成24年4月17日東京国税局審理課長文書回答）。

デメリット

① 相続税法49条の開示対象

　相続時に加算される暦年課税の相続開始前7年以内（5ページ参照）のものと相続時精算課税制度の贈与は、相続税法49条の開示対象となります。

② 不動産の場合「小規模宅地等の特例」が使えない

　小規模宅地等の特例は、一定の要件を満たすと土地等の相続税評価額を最大80％減額することができる制度です。しかし、この特例を適用することができるのは、相続又は遺贈による取得に限られるため、生前贈与によって取得した宅地等には適用することができません。したがって、評価額の高い宅地等で小規模宅地等の特例の適

用を予定している場合には、贈与をせずに相続で承継することを検討すべきです。

③ 割高な登録免許税・不動産取得税

贈与を受けた財産が不動産の場合の登録免許税の税率は、相続の時の税率より高くなり、土地の場合、相続が0.4％に対し、贈与は1.5％（建物は2％）になります。

贈与を受けた財産が不動産の場合の不動産取得税の税率は、相続では非課税となるのに対し、贈与では宅地の場合、1/2×3％（建物は4％）となります。

(2) 暦年課税のメリット・デメリット

メリット

① 相続税に加算される生前贈与の期間は限定的

相続開始前7年以内の贈与は、その贈与額を贈与者の相続財産に加算して相続税を計算することになりますが、加算対象期間である7年を経過すれば相続税とは切り離されることになります。したがって、基礎控除の範囲内で無理なく長期的に贈与を実効することで非課税で効率的に資産を移転することができます。

② 贈与者・受贈者に制限なし

受贈者は推定相続人に限定されず、年齢制限もありません。また、贈与者にも制限はありません。したがって、早くから長期的な対策をとることで大きな効果を得ることができます。

④ 推定相続人以外への贈与は生前贈与加算の対象外

推定相続人以外への贈与であれば（生命保険の受取人になってい

る場合、遺贈により財産を取得する場合及び教育資金の使い残しに対するみなし相続とされる場合（67ページ参照）などを除く。）、相続開始前7年以内の贈与加算の対象にはならないため、生前贈与の時期等を気にする必要はありません。

⑤ **将来の税制改正に柔軟に対応**
　将来の税制改正に対応しやすくなります。

⑥ **相続税法49条の開示対象は生前贈与加算の期間のみ**
　贈与後7年経過すれば相続税法49条の開示対象にはなりません（55ページ参照）（ただし、不動産の贈与では登記の履歴が残ります。）。

⑦ **特例税率の適用が見込める**
　直系尊属から18歳以上の者が受ける贈与税は特例税率となり、一般税率より優遇されます。したがって、親から子、孫への贈与の場合は特例税率を適用することができます。

⑧ **相続時に物納が利用できる**
　暦年贈与の相続開始前7年以内加算により相続税の課税対象となった財産は、相続時に物納の対象とすることができます。

デメリット

① **多額の贈与には適さない**
　あまり多額にはできません。

② 非課税枠は基礎控除額の110万円のみ

基礎控除は110万円で、特別控除額はありません。

③ 累進税率の段階による負担

相続時精算課税の場合、特別控除額の超過分に対し一律20％の贈与税であるのに比べ、暦年課税では超過累進税率になっています。また、最高税率は相続税と同じ55％ですが、相続税の累進課税の刻みに比べ、税率が上がる刻みの幅が狭くなっています。

④ 債務控除の適用制限がある

相続税法第13条第1項では、「相続又は遺贈（包括遺贈及び被相続人からの相続人に対する遺贈に限る。以下この条において同じ。）により、財産を取得した者が第1条の3第1項第1号又は第2号の規定に該当する者である場合においては、当該相続又は遺贈により取得した財産については、課税価格に算入すべき価額、当該財産の価額から次に掲げるものの金額のうちその者の負担に属する部分の金額を控除した金額による」と規定しています。

暦年贈与加算の場合、相続税法第19条第1項では、「相続又は遺贈により財産を取得した者が当該相続の開始前七年以内に当該相続に係る被相続人から贈与により財産を取得したことがある場合においては、その者については、当該贈与により取得した財産（…）の価額（…）を相続税の課税価格に加算した価額を相続税の課税価格とみなし、第15条から前条までの規定を適用して算出した金額（…）をもって、その納付すべき相続税額とする」と規定しています。

そして、相続税法基本通達19－5で、「加算対象贈与財産の価額を相続税の課税価格に加算した場合においても、その加算した財産の価額からは法第13条第1項、第2項又は第4項に規定する控除は

しないことに留意する」としています。

　生前贈与加算は、贈与財産の価額を相続税の課税価格に加算するのみのものであるので、条文上当然の理解となります。

　具体例を挙げると以下のようになります。

（具体例）

> ・本来の相続財産　200
> ・相続開始前7年以内の加算される金額　100（すべて3年以内とします。）
> ・債務控除　250
> 　この場合、課税価格は50になるように考えられますが、そうはなりません。
> 　まず、200－250＝△50⇒0となります。
> 　0＋100＝100となり、課税価格は100となります。

⑤　**贈与税額控除**

　相続税法第19条第1項では、「…を相続税の課税価格とみなし、第15条から前条までの規定を適用して算出した金額（加算対象贈与財産の取得につき課せられた贈与税があるときは、当該金額から当該財産に係る贈与税の税額（…）として政令の定めるところにより計算した金額を<u>控除した金額</u>）をもって、その納付すべき相続税額とする」と規定しています。

　アンダーラインを付した（筆者加筆）部分にあるように、控除した金額とあるので、引ききれないものは切り捨てになることになります。したがって、還付まではできません。

⑥ 災害時により損害を受けた場合の例外規定は適用不可

相続時精算課税の場合に認められる「土地・建物の災害による損害の減額」が、認められません。

(3) 相続時精算課税のメリット・デメリット

[メリット]

① **多額の贈与ができる**

2,500万円の特別控除があるので、多額の贈与が可能になります。

② **基礎控除額の他に特別控除額がある**

2,500万円まで、一旦非課税で贈与することができます。

したがって子や孫がまとまった金額を必要としている場合には効率的に財産を移転することができます。

③ **収益性のある財産の有効活用**

将来価値が上昇する財産又は収入を多く得られる賃貸不動産などを贈与すると有効であり、それを多額にできます。

たとえば、贈与者が収益物件を所有したまま相続が開始すると、その賃貸不動産に加え、家賃収入の収益も相続財産に含まれることになります。そこで、相続時精算課税を利用してその収益のたまりをまとめて贈与することで、相続財産を減らし、相続人である子に財産を移転することができるため、子の納税資金の確保にもつながります。

④ **毎年110万円の基礎控除**

基礎控除110万円までは非課税で、相続開始前７年以内の贈与加算による相続時の持ち戻しもありません。

⑤ 債務控除の制限がない

相続時精算課税の財産から債務控除をすることができます。

(a) 相続時精算課税適用者が相続又は遺贈により財産を取得した場合

相続税法第21条の15第2項では、「…第13条第1項中「取得した財産」とあるのは「取得した財産及び被相続人が第21条の9第5項に規定する特定贈与者である場合の当該被相続人からの贈与により取得した同条第3項の規定の適用を受ける財産」と」との読み替え規定があり、相続時精算課税の財産から債務控除できることになります。

具体例を挙げると以下のようになります。

（具体例）

> ・本来の相続財産　200
>   相続時精算課税の金額　100
> ・債務控除　250
>   （200＋100）－250＝50となり、課税価格は50となります。

(b) 相続時精算課税適用者が相続又は遺贈により財産を取得しなかった場合

相続税法第21条の16第1項では、「特定贈与者から相続又は遺贈により財産を取得しなかった相続時精算課税適用者については、当該特定贈与者からの贈与により取得した財産で第21条の9第3項の規定の適用を受けるものを当該特定贈与者から相続（当該相続時精算課税適用者が当該特定贈与者の相続人以外の者である場合には、遺贈）により取得したものとみなして第一節の規定を適用する」と

なり、第13条は第一節に含まれるので、相続時精算課税の財産から債務控除できることになります。

具体例は上記(a)相続時精算課税適用者が相続又は遺贈により財産を取得した場合と同じです。

なお、(a)、(b)の場合ともに、相続時精算課税適用者が、相続人又は包括受遺者に該当しないときには、債務控除はできません（相基通13－9(注)）。

⑥　贈与税額控除

相続税法第33条の2第1項では、「税務署長は、第21条の15から第21条の18までの規定により相続税額から控除される第21条の9第3項の規定の適用を受ける財産に係る贈与税の税額（…）に相当する金額がある場合において、当該金額を当該相続税額から控除してもなお控除しきれなかった金額があるときは、第27条第3項の申告書に記載されたその控除しきれなかった金額（…）に相当する税額を還付する」と規定されており、控除しきれなかった部分を還付することができます。

⑦　土地・建物の災害による損害の減額可能

相続時精算課税の場合も暦年贈与の生前加算の場合も、相続税に加算する課税価額は、贈与時点の価額を加算するのが原則です。

しかし、この例外が令和5年度税制改正で盛り込まれ、租税特別措置法第70条の3の3第1項において、「相続税法第21条の9第5項に規定する相続時精算課税適用者（…）が同条第5項に規定する特定贈与者からの贈与により取得した土地又は建物が、当該贈与を受けた日から当該特定贈与者の死亡に係る同法第27条第1項の規定による期限内申告書の提出期限までの間に災害（震災、風水害、火

災その他政令で定める災害をいう。以下この項において同じ。）によって相当の被害として政令で定める程度の被害を受けた場合（…）において、当該相続時精算課税適用者が、政令で定めるところにより贈与税の納税地の所轄税務署長の承認を受けたときにおける同法第21条の15及び第21条の16の規定の適用については、同法第21条の15第１項中「価額から」とあるのは「価額（当該財産のうち租税特別措置法第70条の３の３第１項（…）に規定する災害によって被害を受けた土地又は建物にあっては、当該価額から当該被害を受けた部分に対応するものとして政令で定めるところにより計算した金額を控除した金額）から」と、同法第21条の16第３項第２号中「価額」とあるのは「価額（当該財産のうち租税特別措置法第70条の３の３第１項（…）に規定する災害によって被害を受けた土地又は建物にあっては、当該価額から当該被害を受けた部分に対応するものとして政令で定めるところにより計算した金額を控除した金額）」とする」と規定されました。

　したがって、相続時精算課税により贈与を受けた土地、建物が災害により損害を受けて、価額が減少した場合には、損害を受けた分を考慮して再計算した価額によることになります。この規定は、令和５年以前に相続時精算課税により贈与を受けた財産にも適用されますが、令和６年１月１日以後に生じた災害から適用されます（令和５年所得税法等の一部を改正する法律附則51⑤）。

　この規定は、災害による土地、建物の損害のみが対象となるため、土地、建物の価値が経済の動きの中で下落した場合は含まれません。また、上場株式、非上場株式の価値が災害により下落しても対象とはなりません。

　災害による損害の再計算は、暦年贈与により贈与を受けた財産が、災害により被害を受けても対象とはなりません。

⑧ 値上りが予想される財産の有効活用

相続時精算課税で贈与した財産は、相続開始時に贈与時の課税価額を相続財産に加算することになりますが、この贈与時の時価と相続時の時価の差を考慮して、値上りが見込まれる財産を予め贈与しておくことで、相続財産を減少させることができます。

例えば、贈与者が所有する株を時価200円の時点で贈与した場合、相続開始時に2,000円に株価が上昇していた場合でも、相続税に加算するのは、贈与時の200円になります。また、開発が予定されている土地など将来地価の上昇が見込まれるものも、相続時精算課税を利用すると有効です。

デメリット

① 相続時に精算義務がある

贈与者の相続時に改めて、贈与額を相続財産に加算して相続税を計算することになります。その際の加算額は贈与税の課税価額となります。

相続時精算課税を選択すると、選択後の贈与は、無申告であっても評価誤りがあっても贈与税の時効にかかわらず、相続時には本来申告すべきものであった金額を加算することになります（24ページ参照）。

② 暦年課税と併用不可

暦年贈与と併用することができません（相続時精算課税を一度選択すると、その特定贈与者からの贈与については暦年贈与の選択が一切できません。なお、その特定贈与者以外の者からの贈与については暦年贈与を選択することができます。）。

③ 暦年課税に戻れない

相続時精算課税制度を一度選択した者は、その選択届出書を撤回することができません。

④ 贈与財産の価額の上昇・下落による影響が大きい

前述のとおり贈与財産の価額が上昇するとメリットがありますが、贈与財産の価額が下落するとデメリットとなり、無価値になっても贈与時点の課税価額で持ち戻すことになります。

⑤ 二重課税の可能性あり

相続時精算課税適用者である子が特定贈与者である親より先に死亡すると、相続時精算課税適用者の相続人が被相続人の相続時精算課税の適用を受けていたことに伴う納税に係る権利又は義務を承継することになります（相法21の17①）。ただし、当該相続人のうちに当該特定贈与者がある場合には、当該特定贈与者は納税に係る権利又は義務を承継しません。

受贈者の相続人が限定承認したときは、その相続により取得した財産（受贈者からの遺贈・贈与により取得した財産を含む。）の限度において承継します（相法21の17②）。

受贈者の相続人が2人以上いるときは、各相続人が承継する額は民法900条から902条の規定による相続分により按分して計算されます。その相続人の中に、その相続によって取得した財産を超える承継税額があるときは、その超える税額は他の相続人が承継します（相法21の17③、通法5②③）。

この権利・義務の承継により、相続時精算課税制度の対象財産が子の死亡により相続税の対象となり、さらに親の死亡時に当該財産が相続時精算課税の対象財産として親の相続税の対象となります。

その際には、子の相続により支払った相続税を控除する相次相続控除のような制度がないため、二重課税の可能性があります。具体例は以下に掲げます。

〈受贈者が特定贈与者より先に死亡した場合の課税関係〉

> Ⅰ　特定贈与者が相続人とならない場合
>
> （家族構成）
>
>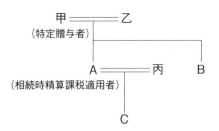
>
> ○　贈与をせずに甲→Aと相続が続いた場合
>
> 　1　甲の死亡
>
> 　　・甲の財産：10億円（法定相続分で相続と仮定）
>
> 　　・相続税額：1億7,810万円（配偶者軽減後）……①
>
> 　　乙：0円　A：8,905万円……②　B：8,905万円
>
> 　2　Aの死亡（甲の死亡後1年以内と仮定）
>
> 　　・Aの財産　2億5,000万円－8,905万円＋固有財産4億円
>
> 　　　　＝5億6,095万円（法定相続分で相続と仮定）……③
>
> 　　・基礎控除……4,200万円
>
> 　　・課税遺産額……5億1,895万円
>
> 　　・相続税の総額……1億7,952.75万円……④
>
> 　　・相次相続控除(C)……4,452.5万円……⑤

②×$\left(\dfrac{③}{10億円×1/4-②}>1 \therefore 1\right)$×$\dfrac{③×1/2}{③}$×$\dfrac{10-0}{10}$

＝4,452.5万円

・Cの納付税額……④×1/2－⑤＝4,524万円……⑥

丙：0円　C：4,524万円（相次相続控除適用）

・総納付税額（①＋⑥）＝2億2,334万円……⑦

	税引前財産取得額	税金
乙	5億円	0円
A	最終的に0円	8,905万円
B	2億5,000万円	8,905万円
丙	2億8,048万円	0円
C	2億8,048万円	4,524万円
合計	13億1,096万円	2億2,334万円

○　令和7年にAが相続時精算課税制度を適用した場合

1　令和7年、甲がAに対し、2億5,000万円を贈与し、Aは相続時精算課税制度を適用した。

・贈与税：2億5,000万円－110万円（基礎控除額）－2,500万円（特別控除額）

　　　　　＝2億2,390万円

　　　　　2億2,390万円×20%（税率）＝4,478万円……⑧

・Aの手取額：2億5,000万円－4,478万円

　　　　　　　＝2億522万円……⑨

2　令和8年、Aが死亡

〈法定相続分で相続したとする。〉

・課税価格…………2億522万円（⑨）＋固有財産

　　　　　　　　4億円＝6億522万円

・基礎控除……………4,200万円

・課税遺産額…………5億6,322万円

- 相続税の総額………1億9,944.9万円
- 配偶者軽減額（丙）……9,972万円
- 納付税額（C）…………9,972万円……⑩

3　令和9年、甲が死亡

〈甲の相続財産7億5,000万円について、乙が5億円、Bが2億5,000万円を取得したとする。〉

- 課税価格………………7億5,000万円＋（相続時精算課税分）2億5,000万円＝10億円
- 基礎控除…………………………4,800万円
- 課税遺産額………………9億5,200万円
- 相続税の総額……………3億5,620万円
- 配偶者軽減額（乙）……1億7,810万円
- ★納付税額（A分）………3億5,620万円×2.5/10－4,478万円＝4,427万円……⑪

➡これを丙とCが2分の1ずつ承継することになる（相法21の17①②③、通法①②）。丙とCが承継したこの納税義務の2割加算の適用については、相続時精算課税適用者が贈与を受けた時点で判断する（相基通18－2）ので、2割加算の対象とはならない。

丙：2,214万円
C：2,214万円

➡この4,427万円については、Aの相続税の計算上、債務控除はできない（相基通14―5）。

- ★納付税額（B）……3億5,620万円×2.5/10＝8,905万円……⑫

● 総納付税額……⑧+⑩+⑪+⑫=2億7,782万円（⑦より5,448万円多い。）

	税引前財産取得額	税金
乙	5億円	0円
A	最終的に0円	4,478万円
B	2億5,000万円	8,905万円
丙	3億261万円	2,214万円
C	3億261万円	1億2,186万円
合計	13億5,522万円	2億7,782万円

Ⅱ　特定贈与者が相続人となる場合

（家族構成）

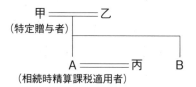

○　贈与をせずに甲→Aと相続が続いた場合

1　甲の死亡

甲の財産：10億円（法定相続分で相続と仮定）

相続税額：1億7,810万円（配偶者軽減後）……①

乙：0円　A：8,905万円……②　B：8,905万円

2　Aの死亡（甲の死亡後1年以内と仮定）

Aの財産　2億5,000万円-8,905万円+固有財産4億円

　　　　　=5億6,095万円（丙が全財産を相続と仮定）

　　　　　……③

・基礎控除……4,200万円

・課税遺産額……5億1,895万円

- 相続税の総額……1億8,317.62万円……④
- 配偶者軽減額（丙）1億2,212万円（④×2/3）……⑤
- 相次相続控除（丙）……6,105.62万円……⑥

$$② \times \left(\frac{③}{10億円 \times 1/4 - ②} > 1 \therefore 1\right) \times \frac{③}{③} \times \frac{10-0}{10}$$

=8,905万円（上限）、④－⑤が対象額

丙：0円（相次相続控除適用）…④－⑤－⑥……⑦

総納付税額（①+⑦）＝1億7,810万円……⑧

	税引前財産取得額	税金
乙	5億円	0円
A	最終的に0円	8,905万円
B	2億5,000万円	8,905万円
丙	5億6,095万円	0円
合計	13億1,095万円	1億7,810万円

○ 令和7年にAが相続時精算課税制度を適用した場合

1 令和7年、甲がAに対し、2億5,000万円を贈与し、Aは相続時精算課税制度を適用した。

- 贈与税：2億5,000万円－110万円－2,500万円
  ＝2億2,390万円

  2億2,390万円×20％＝4,478万円……⑨

- Aの手取額：2億5,000万円－4,478万円＝2億522万円

  ……⑩

2 令和8年、Aが死亡

〈丙が全財産を相続したとする。〉

- 課税価格………………………2億522万円（⑩）＋固有

  財産4億円＝6億522万円

- 基礎控除…………………………4,800万円

・課税遺産額……………… 5億5,722万円

・相続税の総額…………… 1億8,546万円

・配偶者軽減額（丙）…… 1億2,364万円

　　　　1億8,546万円×2/3＝1億2,364万円

・納付税額（丙）………………6,182万円……⑪

3　令和9年、甲が死亡

〈甲の相続財産7億5,000万円について、乙が5億円、Bが2億5,000万円を取得したとする。〉

・課税価格………………… 7億5,000万円＋（相続時精算課税分）2億5,000万円＝10億円

・基礎控除……………………4,200万円

・課税遺産額……………… 9億5,800万円

・相続税の総額…………… 3億9,500万円

・配偶者軽減額（乙）…… 1億9,750万円

★納付税額（A分）……… 3億9,500万円×2.5/10－4,478万円＝5,397万円……⑫

➡甲は、特定贈与者であるため、甲がいないものとした相続分の丙3分の2、乙3分の1で負担することになる（相法21の17①②③、通法5①②、相令5の5、相基通21の17－2設例2）。しかし、相続人が2人以上のときは、相続によって取得した財産を超える部分の税額は、他の相続人が納付する（通法5③）ため、乙が税金を負担することはない。したがって、丙が5,397万円全額を負担することになる。

★納付税額（B）…… 3億9,500万円×2.5/10＝9,875万円
　　　　　　　　　　……⑬

●総納付税額……⑨＋⑪＋⑫＋⑬＝2億5,932万円（⑧より8,144万円多い。）

	税引前財産取得額	税金
乙	5億円	0円
A	最終的に0円	4,478万円
B	2億5,000万円	9,875万円
丙	6億522万円	1億1,579万円
合計	13億5,522万円	2億5,932万円

Ⅲ 特定贈与者のみが相続人の場合

（家族構成）

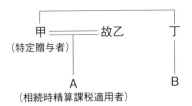

○ 贈与をせずに甲→Aと相続が続いた場合

1 甲の死亡

甲の財産：10億円（Aがすべて相続と仮定）

相続税額（A）：4億5,820万円……①

2 Aの死亡（甲の死亡後1年以内と仮定）

Aの財産　10億円－4億5,820万円＋固有財産4億円

＝9億4,180万円→いとこのBへ遺贈とする。

……②

・基礎控除……3,000万円

・課税遺産額……9億1,180万円

・相続税の総額……4億2,949万円……③

・相次相続控除……4億5,490万円……④

$$①\times\left(\frac{②}{10億円-①}>1\therefore 1\right)\times\frac{②}{②}\times\frac{10-0}{10}$$

$$=4億5,820万円$$

・Bの納付税額……③×1.2（2割加算）－④＝5,719万円
……⑥

総納付税額（①＋⑥）＝5億1,539万円……⑦

	税引前財産取得額	税金
A	最終的に0円	4億5,820万円
B	9億4,180万円	5,719万円
合計	9億4,180万円	5億1,539万円

○ 令和7年、相続時精算課税制度を適用した場合

1 令和7年、甲がAに対し、5億円を贈与し、Aは相続時精算課税制度を適用した。

・贈与税：5億円－110万円－2,500万円＝4億7,390万円

4億7,390万円×20％＝9,478万円……⑧

・Aの手取額：5億円－9,478万円＝4億522万円……⑨

2 令和8年、Aが死亡

〈甲が全額相続したとする。〉

・課税価額………… 4億522万円（⑨）＋固有財産4億円＝8億522万円……⑩

・基礎控除……………3,600万円

・課税遺産額…… 7億6,922万円

・相続税の総額（甲）…… 3億5,107万円……⑪

3 令和9年、甲が死亡（Aの死亡後1年以内と仮定）

〈相続財産9億5,415万円（＝甲の固有財産5億円＋⑩－⑪）について、Bへ遺贈したものとする。〉……⑫

➡相続時精算課税制度適用者の相続人が特定贈与者しかいない場合には、相続時精算課税制度の適用を受けていたことに伴う権利又は義務は、誰にも承継されず、納税に係る相続時の精算の必要はない（相法21の17①ただし書）。

したがって、甲からAへ相続時精算課税制度を適用した5億円は合算する必要がない（相基通21の17-3）。

・課税価格………9億5,415万円
・基礎控除………3,600万円
・課税遺産額……9億1,815万円
・相続税の総額……4億3,298万円……⑬
・相次相続控除……3億5,107万円……⑭

$$⑪ \times \left(\frac{⑫}{⑩-⑪} > 1 \therefore 1 \right) \times \frac{⑫}{⑫} \times \frac{10-0}{10} = ⑪$$

・納付税額（B）……⑬×1.2－⑭＝1億6,851万円…⑮
●総納付税額……⑧＋⑪＋⑮＝6億1,436万円（⑦より9,897万円多い。）

	税引前財産取得額	税金
甲	最終的に0円	3億5,107万円
A	最終的に0円	9,478万円
B	9億5,415万円	1億6,851万円
合計	9億5,415万円	6億1,436万円

※ いずれのケースにおいても、相続時精算課税適用者が特定贈与者より先に死亡すると、総納付税額が多くなっています。

⑥ 将来の税制改正への対応

　将来の相続税制の改正に伴い不利になる可能性があります（相続税の基礎控除引き下げなど）。

　例えば、平成26年以前は基礎控除が「5,000万円＋1,000万円×法定相続人の数」あったため、子1人が推定相続人の親の財産が6,000万円のとき、相続税が非課税なので4,000万円の財産の贈与を相続時精算課税で行っていましたが、平成27年度税制改正により、相続税の基礎控除額及び税率が改正され、相続税の基礎控除が「3,000万円＋600万円×法定相続人の数」となり、3,600万円に下がり課税となったケースがあります。結果として暦年課税の繰り返しの適用の方が有利であったことになります。

⑦ 贈与者・受贈者が限定される

・相続時精算課税の適用対象者は、贈与者が、60歳以上の両親（祖父母）受贈者は18歳以上の子（孫、養子を含む。）でないと適用することができません。

⑧ 物納ができない

　相続税法第41条第2項では、「前項の規定による物納に充てることができる財産は、納義務者の課税価格計算の基礎となった財産（当該財産により取得した財産を含み、第21条の9第3項の規定の適用を受ける財産を除く。）でこの法律の施行地にあるもののうち次に掲げるもの（…）とする」と規定し、条文において、相続時精算課税贈与により取得した財産（相法21の9③）は、物納の対象となりません（相法41②）。これは贈与と相続の間にかなりの年数が見込まれ、物納収納価額は相続税の課税価格に算入された金額であり、贈与時点と相続時点との財産価値に大きな変動がありえること

からきていると思われます。

一方、暦年贈与の相続開始前7年以内加算により相続税の課税対象となった財産は、物納の対象とすることができます（相基通41－5）。

⑨ 「相続時選択届出書」の提出忘れに注意

110万円以下の贈与の場合、申告義務はありませんが、適用初年の相続時精算課税選択届出書（12ページ）の提出は必須です。当該届出書を提出しない場合は暦年贈与の扱いとなります。

⑷ 暦年課税と相続時精算課税の選択上の留意点

贈与者の財産全体がわからないと暦年課税と相続時精算課税の有利不利の判断をすることができません。

民法上の特別受益・遺留分の取扱いを十分説明をしておく必要があります。この場合、弁護士を交えて、推定相続人全員に説明することが最善策となります。

贈与税の申告内容開示制度（相法49）により、相続時精算課税制度を適用すると、相続時に他の相続人等にも贈与額が明らかになります。暦年贈与でも、加算の対象となる3年以内（令和6年分からは7年以内、経過措置あり）であれば、他の相続人等に贈与税が開示される場合があります。

●比較（相続税における暦年課税と相続時精算課税の適用関係の相違点）

（令和6年1月1日以降）

制度	暦年課税	相続時精算課税	本書の解説頁
相続税の債務控除 （相法13）	本来の相続財産、みなし相続財産、相続時精算課税適用財産の合計額から控除しきれない債務・葬式費用は、暦年贈与の生前加算の価額からは控除できない（相基通19－5）。	特に制限がなく控除できる ただし、相続人又は包括受遺者に該当しない場合は控除不可	35、38
贈与税額控除 （相法33の2）	還付まではできない	還付できる	36、39
相続税の物納（相法41②）	可能	不可	34、52
相続税の小規模宅地特例 （措法69の4）	不可	不可	32
土地・建物の災害による損害 （措法70の3の3）	再計算不可	減額再計算可能	37、39
相続株式の自己株式取得のみなし配当不適用 （措法9の7）	適用可能	適用可能	32、80
相続税の取得費加算 （措法39）	適用可能	適用可能	32

30ページと合わせて参照してください。

4 贈与税の申告内容の開示請求制度

　相続税の申告や更正の請求をしようとする者が、他の相続人等が被相続人から受けた①相続開始前7年以内の贈与又は②相続時精算課税制度適用分の贈与に係る贈与税の課税価格の合計額について開示を請求する場合の手続です。

> **（相続時精算課税等に係る贈与税の申告内容の開示等）**
> **相続税法**
> **第49条**　相続又は遺贈（当該相続に係る被相続人からの贈与により取得した財産で第21条の9第3項の規定の適用を受けるものに係る贈与を含む。）により財産を取得した者は、当該相続又は遺贈により財産を取得した他の者（以下この項において「他の共同相続人等」という。）がある場合には、当該被相続人に係る相続税の期限内申告書、期限後申告書若しくは修正申告書の提出又は国税通則法第23条第1項（更正の請求）の規定による更正の請求に必要となるときに限り、次に掲げる金額（他の共同相続人等が2人以上ある場合にあっては、全ての他の共同相続人等の当該金額の合計額）について、政令で定めるところにより、当該相続に係る被相続人の死亡の時における住所地その他の政令で定める場所の所轄税務署長に開示の請求をすることができる。
> 　一　他の共同相続人等が当該被相続人から贈与により取得した次に掲げる加算対象贈与財産（第19条第1項に規定する加算対象贈与財産をいう。以下この号において同じ。）の区分に応じそれぞれ次に定める贈与税の課税価格に係る金額の合計額
> 　　イ　相続の開始前3年以内に取得した加算対象贈与財産贈与税の申告書に記載された贈与税の課税価格の合計額
> 　　ロ　イに掲げる加算対象贈与財産以外の加算対象贈与財産贈与

　　　　税の申告書に記載された贈与税の課税価格の合計額から100万円を控除した残額

　　二　他の共同相続人等が当該被相続人から贈与により取得した第21条の9第3項の規定の適用を受けた財産に係る贈与税の申告書に記載された第21条の11の2第1項の規定による控除後の贈与税の課税価格の合計額

2　前項各号の贈与税について修正申告書の提出又は更正若しくは決定があつた場合には、同項各号の贈与税の課税価格は、当該修正申告書に記載された贈与税の課税価格又は当該更正若しくは決定後の贈与税の課税価格とする。

3　第1項の請求があつた場合には、税務署長は、当該請求をした者に対し、当該請求後2月以内に同項の開示をしなければならない。

　この制度により、他の相続人等が被相続人から受けた相続開始前7年以内の暦年課税及び相続時精算課税適用分の金額はガラス張りになることがわかります。

(1) 開示内容

① 開示対象者

② 暦年贈与加算額の合計額

③ 相続時精算課税分の合計額

　開示書に記載される②、③の金額は、加算対象期間の他の相続人等の金額の合計額であり、各年分ごと及び各人ごとの合計額ではありません。

⑵ **添付書類**
　① 全部分割の場合…遺産分割協議書の写し
　② 遺言書がある場合…開示請求者及び開示対象者に関する遺言書の写し
　③ 上記以外の場合…開示請求者及び開示対象者に係る戸籍の謄(抄)本

　なお、送付による受領を希望する場合は、上記添付書類のほか、開示請求者の住民票の写し及び返信用の封筒に切手を貼ったものを添付します。詳しくは、国税庁ホームページに手続が掲載されています。

　上記の開示請求は、他の相続人の分しかわかりませんので、相続税の申告等に際し、過去の贈与について本人分も知りたいときは、申告書等の閲覧サービスを利用して入手してください。

相続税法第49条第1項の規定に基づく開示請求書

_____税務署長　　　　　　　　　　　　　　　　　　　令和　年　月　日

【代理人記入欄】		開示請求者	住所又は居所（所在地）	〒
住所			連絡先	※連絡先は日中連絡の可能な番号（携帯電話等）を記入してください Tel.（　　-　　-　　）
氏名			フリガナ	
			氏名又は名称	
連絡先			個人番号	
			生年月日	被相続人との続柄

私は、相続税法第49条第1項の規定に基づき、下記1の開示対象者が平成15年1月1日以後に下記2の被相続人からの贈与により取得した財産で、当該相続の開始前3年以内に取得したもの又は同法第21条の9第3項の規定を受けたものに係る贈与税の課税価格の合計額（同法第21条の11の2第1項の規定による控除後の贈与税の課税価格の合計額）について開示の請求をします。

1　開示対象者に関する事項（相続又は遺贈により財産を取得したすべての人（開示請求者を除く。）を記載してください。）

住所又は居所（所在地）	
過去の住所等	
フリガナ	
氏名又は名称（旧姓）	
生年月日	
被相続人との続柄	

2　被相続人に関する事項

住所又は居所	
過去の住所等	
フリガナ	
氏名	
生年月日	
相続開始年月日	平成・令和　年　月　日

3　承継された者(相続時精算課税選択届出者)に関する事項

住所又は居所	
フリガナ	
氏名	
生年月日	
相続開始年月日	平成・令和　年　月　日
精算課税適用者である旨の記載	上記の者は、相続時精算課税選択届出書を_____署へ提出しています。

4　開示の請求をする理由（該当する□に✓印を記入してください。）

相続税の　□期限内申告　□期限後申告　□修正申告　□更正の請求　に必要なため

5　遺産分割に関する事項（該当する□に✓印を記入してください。）

□　相続財産の全部について分割済（遺産分割協議書又は遺言書の写しを添付してください。）
□　相続財産の一部について分割済（遺産分割協議書又は遺言書の写しを添付してください。）
□　相続財産の全部について未分割

6　添付書類等（添付した書類又は該当項目の全ての□に✓印を記入してください。）

□遺産分割協議書の写し　□戸籍の謄(抄)本　□遺言書の写し　□委任状
□住所地等が確認できる書類の写し（送付受領を希望の場合）　□その他（　　　　　　　　　）
□私は、相続時精算課税選択届出書を_____署へ提出しています。

7　開示書の受領方法（希望される□に✓印を記入してください。）

□　直接受領（交付時に請求者又は代理人であることを確認するものが必要となります。）
□　送付受領【郵送先：□請求者の住所　・　□代理人】（請求時に返信用切手、封筒が必要となります。）
（注）代理人の住所地（事業所）への郵送を希望される場合は、代理人の住所地等が確認できる書類の写しが必要となります。

※　税務署整理欄（記入しないでください。）

番号確認	身元確認	確認書類	個人番号カード　／　通知カード・運転免許証 その他（　　　　　　　　　）	確認者
	□済 □未済			
委任状の有無	□有・□無	開示請求者への確認	□無・□有（　　・　　）	

（資4-90-1-A4統一）（令6.12）

相続税法第49条第1項の規定に基づく開示請求書付表

開示請求者(代表者)の氏名	

1 開示対象者に関する事項（開示対象者が5人以上いる場合に記入してください。）

住所又は居所 （所在地）	
過去の住所等	
フリガナ	
氏名又は名称 （旧姓）	
生年月日	
被相続人との続柄	

住所又は居所 （所在地）	
過去の住所等	
フリガナ	
氏名又は名称 （旧姓）	
生年月日	
被相続人との続柄	

【開示請求者】（開示請求者が2人以上の場合に記入してください。）

	1	2
住所又は居所	〒　　TEL（　－　－　）	〒　　TEL（　－　－　）
フリガナ		
氏名		
個人番号		
生年月日		
被相続人との続柄		

	3	4
住所又は居所	〒　　TEL（　－　－　）	〒　　TEL（　－　－　）
フリガナ		
氏名		
個人番号		
生年月日		
被相続人との続柄		

※ 税務署整理欄（記入しないでください。）

1				2			
番号確認	身元確認	確認書類		番号確認	身元確認	確認書類	
	□ 済 □ 未済	個人番号カード ／ 通知カード・運転免許証 その他（　　　　）			□ 済 □ 未済	個人番号カード ／ 通知カード・運転免許証 その他（　　　　）	

3				4			
番号確認	身元確認	確認書類		番号確認	身元確認	確認書類	
	□ 済 □ 未済	個人番号カード ／ 通知カード・運転免許証 その他（　　　　）			□ 済 □ 未済	個人番号カード ／ 通知カード・運転免許証 その他（　　　　）	

（資4－90－2－A4統一）　（令3.3）

(3) 相続時精算課税の選択におけるクライアントへの説明のポイント

　相続時精算課税を適用するに当たっては、制度について十分に説明する必要があり、その際には次ページのような確認書を手渡すことが望ましいと思われます。

　相続時精算課税の選択を巡っては、税理士損害賠償の対象となる事例もあるようですから、注意を要します。

　なお、相続時精算課税の適用に当たっては年齢制限（52ページ参照）や届出書の提出（53ページ参照）などの要件がありますから、この確認書とは別途押さえておく必要があることはいうまでもありません。

相続時精算課税制度の説明と確認

　　　　　　　　　　　　　　　　　　　　　　　　年　　月　　日
　　　　　　　　　　　　　　　　　　　　税理士　　　　　　　　

　税理士〇〇は、相続時精算課税制度の適用に当たり、〇〇様に以下の点を説明いたしました。

NO	説　明　事　項	説明	確認
1	贈与者の相続時に改めて、贈与額を相続財産に加算して相続税を計算することになる。その際の加算額は贈与税の課税価額となる。		
2	暦年贈与との併用不可（本制度を一度選択すると、その特定贈与者からの贈与については暦年贈与の選択が一切できない。その特定贈与者以外の者からの贈与については暦年贈与が選択できる。）		
3	本制度を一度選択した者は、その選択届出書を撤回できない。		
4	贈与財産の価額が下落するとデメリットとなり、無価値になっても贈与時点の課税価額での持ち戻しが必要である。		
5	相続税制の変更に伴う不利があり得る（相続税の基礎控除引き下げなど）。		
6	贈与者の財産全体がわからないと暦年課税との有利不利は不明である。		
7	受贈者が特定贈与者より先に死亡すると二重課税になる恐れがある。		
8	110万円以下の贈与の場合、申告義務はないが、相続時精算課税選択届出書の提出は必須である（当該届出書を提出しない場合は暦年贈与の扱いとなる。）。		
9	本制度を選択すると、選択後の贈与は、無申告であっても評価誤りがあっても贈与税の時効にかかわらず、相続時には本来申告すべきものであった金額を加算することになる。		
10	相続税の申告において小規模宅地等の減額の適用ができない。		
11	本制度の贈与財産は、相続税のときに物納ができない。		
12	本制度により贈与を受けた財産が不動産の場合の登録免許税の税率は、相続の時の税率より高くなる。土地の場合、相続が0.4％に対し、贈与は2％である。		
13	本制度により贈与を受けた財産が不動産の場合の不動産取得税の税率は、相続では非課税となるのに対し、宅地の場合、1/2×3％となる。		
14	民法上の特別受益・遺留分の問題が別途ある。		
15	贈与税の申告内容開示制度（相法49）により、本制度を適用すると、相続時に他の相続人等にも贈与額が明らかになる。		

　上記の点を理解して、相続時精算課税制度を選択いたします。
　　　　　　　　　　　　　　　　　　　　　　　　年　　月　　日
　　　　　　　　　　　　　　　　　　　　氏名

5 贈与税の非課税措置

生前贈与には、次の(1)から(5)のような贈与税の非課税措置が設けられています。これらも合わせて活用することが効率的な相続対策への近道です。

(1) 相続税法の生活費・教育費の非課税規定（相法21の3①二）

扶養義務者間における教育費の贈与のうち通常必要と認められるものは非課税となります。

これは、「扶養義務者相互間において生活費又は教育費に充てるためにした贈与により取得した財産のうち通常必要と認められるもの」は贈与税の課税価格に算入しない、という規定です。

父母がいる場合に、祖父母から孫に生活費・教育費を贈与しても非課税となりますが、必要な都度、必要資金を贈与した場合に限られ、必要資金を超えて贈与したものは課税対象となります。この非課税措置も有効に使っていくと効果があります。

(2) 贈与税の配偶者控除の特例（相法21の6、相令4の6）

〈主な要件〉
① 婚姻期間20年以上の配偶者からの贈与
② 居住用不動産又は居住用不動産を取得するための金銭の贈与
③ 2,000万円の控除枠

贈与者の相続開始前7年以内の贈与であっても、この制度の適用を受けた2,000万円までの部分は相続税の課税価格に加算されません。

ポイント！ 店舗兼住宅等の持分の贈与を受けた場合

　甲が配偶者乙に、貸家兼住宅（貸家部分の割合2分の1、住宅部分の割合2分の1）の土地、建物について持分2分の1を贈与した場合。

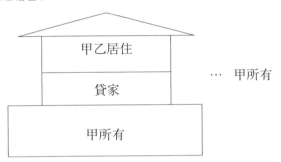

　この場合、原則、居住用部分の割合を乗じることになります（相通21の6－3本文）。

（居住部分）（贈与持分）
　1/2　×　1/2　＝　1/4

　したがって、残りの4分の1は、居住部分ではないため、この特例の適用を受けることができません。

　しかし、贈与の持分が、居住部分の割合以下である場合には、その贈与の持分全部を居住用部分とする申告が認められています（相通21の6－3但書）。つまり、居住用部分を先取りすることができることになります。

　ただし、贈与後の所得税の貸家の申告は、原則どおりとなり、甲と乙が2分の1ずつ申告することになります。

　また、相続税の小規模宅地等の課税の特例の対象となる被相続人の居住の用に供されていた部分の割合も原則どおりとなります（措通69の4－9）。したがって、甲の2分の1のうち4分の1は居住用となり、残りの4分の1は貸付事業用となります。

> この配偶者控除の特例は、相続前贈与加算の相続税への持ち戻しがないため、相続税の課税価格を減少する効果はあるものの、小規模宅地等の特例（特定居住用宅地等の課税価額の80％減額）の適用を受けることはできないこととなるため、この贈与により相続税が基礎控除以下になる場合か小規模宅地等の対象宅地等が別途ある場合に有効と考えられます。

⑶ 直系尊属からの住宅取得等資金の贈与に係る贈与税の非課税（措法70の2）

〈主な要件〉

① 直系尊属からの住宅用家屋の新築、取得又は増改築（受贈者の配偶者、直系血族、生計一親族等からの取得等は除く。）に充てるための資金の贈与
② 受贈者が贈与の年の1月1日において18歳以上であること
③ 贈与を受けた年の合計所得金額が2,000万円以下（床面積が40㎡以上50㎡未満である場合は1,000万円以下）であること
④ 対象となる住宅の要件
　ⅰ　2分の1以上を居住用に供されること
　ⅱ　国内にあること
　ⅲ　床面積が40㎡以上240㎡以下
　ⅳ　中古の場合には耐震性がある家屋又は昭和57年1月1日以後に建築されたもの
　ⅴ　増改築の場合には工事費用が100万円以上であり、増改築工事証明書等が必要

⑤ 取得期限等

贈与年の翌年3月15日までに取得をし、原則居住すること

⑥ 非課税限度額は以下のとおり

贈与の時期	省エネ等住宅（注）	左記以外の住宅
令和6年1月1日～ 　　　令和8年12月31日	1,000万円	500万円

(注) 省エネ等住宅とは、省エネ等基準に適合する住宅用の家屋であることにつき一定の証明がされたものをいう。

⑦ 過去の適用状況

平成21年分から令和5年分までで贈与税の「住宅取得等資金の非課税」を適用していないこと

なお、贈与者の相続開始前7年以内の贈与であっても、この制度の適用を受けた部分は相続前贈与加算の対象外のため、相続税の課税価格に加算されません。

―住宅取得等資金の贈与を受けた場合の相続時精算課税の特例―

住宅取得等資金贈与を利用すると、60歳未満の親・祖父母からでも相続時精算課税を適用することができます（措法70の3）。住宅等の要件は、上記(3)直系尊属からの住宅取得等資金の贈与税の非課税（措法70の2）とほぼ同じです（上記(3)③、⑦を除く。）が、「床面積が40㎡以上」となり、上限の240㎡がないところに注意を要します。この制度を適用すると、この住宅取得等資金に限らず、その贈与者からの贈与には、相続時精算課税制度が適用されることになります（措通70の3－4）。

この住宅取得等資金の贈与の特例も相続前贈与加算の対象とならないため、相続税の課税価格を減少する効果があ

> ります。また、この住宅取得等資金の贈与の特例を適用することにより、相続時精算課税が本来適用できない贈与者60歳未満の者が、相続時精算課税を適用したい場合に検討をしていくものとなります。
>
> なお、この特例の適用を受けるためには、租税特別措置法70条の2の住宅取得等資金贈与の非課税限度を超える資金の贈与を行う必要があります（措通70の3－3の2）。

(4) 教育資金の一括贈与に係る贈与税の非課税措置の改正

● 教育資金の一括贈与に係る贈与税の非課税措置

> ○ 概　　　要：親・祖父母（贈与者）が、金融機関（信託銀行・銀行等・証券会社）の子・孫（受贈者）名義の専用口座に教育資金を一括して拠出した場合には、1,500万円まで非課税とする。
> ○ 適 用 期 間：平成25年4月1日～令和8年3月31日まで
> ○ 受 贈 者：子・孫（0歳～29歳、合計所得金額1,000万円以下）
> ○ 贈与者死亡時：死亡時の残高を相続財産に加算※1
> ○ 契約終了時：残高に対して、本則税率を適用

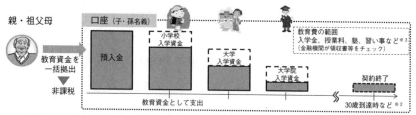

※1　受贈者が①23歳未満である場合、②学校等に在学中の場合、③教育訓練給付金の支給対象となる教育訓練を受講している場合には、加算の対象外。
　　　贈与者に係る相続税の課税価格の合計が5億円を超える場合は、受贈者の年齢等に関わらず加算
※2　(1)30歳に達した日（学校等に在学・教育訓練を受講中の場合を除く）、(2)30歳に達した日後に年間で学校等に在学・教育訓練を受講した日がなかった年の年末、(3)40歳に達した日、(4)信託財産等が零になった場合において教育資金管理契約を終了させる旨の合意に基づき終了する日、のいずれか早い日
※3　23歳以上の受贈者については、①学校等に支払われる費用、②学校等に関連する費用、③教育訓練給付金の支給対象となる教育訓練の受講費用に限定。
（参考）令和4年3月末時点の信託の利用実績　契約件数：25万2,090件、信託財産設定額：約1兆8,814億円

（相続税・贈与税に関する専門家会合資料より）

親・祖父母である贈与者が、金融機関の子・孫（0歳から29歳で合計所得金額が1,000万円以下）の名義の専用口座に教育資金を拠出した場合には、1,500万円を限度として非課税となります（措法70の2の2）。

　贈与者が死亡した際には、教育資金の残高は相続税の課税価格に加算する必要がありますが、受贈者である子・孫が23歳未満である場合など一定の場合には、加算の対象外となります。また、教育資金に係る契約が終了した場合にはその残高に対して贈与税が課税されますが、その際の税率は特例税率により計算をします。

> **ポイント！1　相続時精算課税制度との比較**
>
> 　適用期限が3年延長されましたが、上記改正のとおり課税が強化されています。喫緊に本件規定の適用が受けられる支出が見込まれる場合は別として、10ページの相続時精算課税の基礎控除110万円の範囲で、仮に、0歳から30歳になるまで毎年贈与を行った場合、110万円×30年＝3,300万円までが非課税でかつ相続財産に加算する必要がないことから、この点を考慮して適用の検討をする必要があります。

> **ポイント！2　贈与者死亡時の相続税課税**
>
> 　贈与者死亡時までに、教育資金を使いきれば問題ありませんが、贈与者死亡時に使い残しがある場合に注意を要します。
> 　教育資金の拠出時期により、贈与者死亡時の相続税課税が以下のように異なります。

拠出時期	平成25年4月1日〜平成31年3月31日	平成31年4月1日〜令和3年3月31日	令和3年4月1日〜令和5年3月31日	令和5年4月1日〜令和8年3月31日
相続財産への加算	加算なし	死亡前3年以内の拠出に限り加算あり(注1)	加算あり(注1)	加算あり(注2)
相続税の2割加算	適用なし	適用なし	適用あり	適用あり

(注)1 受贈者が23歳未満、学校等就学中、一定の教育訓練を受講中の場合には加算されません。
　2 注1と同様ですが、相続税の課税価格が5億円超の場合には、受贈者の年齢等にかかわらず加算されます。

〈令和5年4月1日以降の拠出の場合〉

　贈与者の死亡時に使い残しが想定されるときであっても、令和5年4月1日以降の拠出の場合には、相続税の課税価格が5億円を超えないと見込まれるときには、教育資金贈与を検討することになります。すなわち、相続税の課税価格が5億円を超えない場合には、贈与者の死亡時に使い残し金額が相続税の課税を受けることなく、受贈者が30歳になるまで等、課税が先延ばしできることになります。

〈仮に拠出した1,500万円が全く手付かずに残った場合の贈与税〉

贈与税の税率は一般税率が適用となります（措法70の2の2⑰二）。

　1,500万円－110万円＝1,390万円

　1,390万円×45％－175万円＝450万5,000円

〈仮に1,500万円を孫に遺贈した場合の相続税〉

　1,500万円×45％（5億円の課税価格で配偶者と子1人が相続人の場合の限界税率）×1.2（2割加算）＝810万円の相続税が課税されることになります。

⑸ 結婚・子育て資金の一括贈与に係る贈与税の非課税措置の改正

● 結婚・子育て資金の一括贈与に係る贈与税の非課税措置

○ 概　　　要：親・祖父母(贈与者)が、金融機関(信託銀行・銀行等・証券会社)の子・孫(受贈者)名義の専用口座に結婚・子育て資金を一括して拠出した場合には、1,000万円まで非課税とする。
○ 適 用 期 間：平成27年4月1日～<u>令和7年3月31日まで</u>(※令和9年3月31日まで延長予定)
○ 受 贈 者：子・孫(18歳～49歳、合計所得金額1,000万円以下)
○ 贈与者死亡時：死亡時の残高を相続財産に加算
○ 契 約 終 了 時※：残高に対して、<u>本則税率</u>を適用

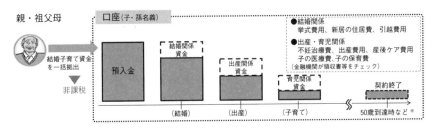

※ ⑴50歳に達した日、⑵信託財産が零になった場合において結婚・子育て資金管理契約を終了させる旨の合意に基づき終了する日、のいずれか早い日
(参考) 令和4年3月末時点の信託の利用実績　契約件数：7,363件、信託財産設定額：約224億円

（相続税：贈与税に関する専門家会合資料より）

　親・祖父母の贈与者が、金融機関の子・孫（18歳から49歳で合計所得金額が1,000万円以下）の名義の専用口座に結婚・子育て資金を一括して拠出した場合には、1,000万円を限度として非課税となります（措法70の2の3）。

　贈与者が死亡した際には、結婚・子育て資金の残高は相続税の課税価格に加算する必要があります。また、結婚・子育て資金に係る契約が終了した場合にはその残高に対して贈与税が課税されますが、その際の税率は特例税率により計算をします。

　令和5年4月1日以後に取得する信託受益権等に係る贈与税については、受贈者が50歳に達した場合等において、非課税拠出額から結

婚・子育て資金支出額を控除した残額に贈与税が課されるときは、一般税率を適用することとされました。

> **ポイント！1　相続時精算課税制度との比較**
>
> 　適用期限が2年延長されましたが、上記改正のとおり課税が強化されています。喫緊に本件規定の適用が受けられる支出が見込まれる場合は別として、10ページの相続時精算課税の基礎控除110万円の範囲で、仮に、18歳から50歳になるまで毎年贈与を行った場合、110万円×31年＝3,410万円までが非課税でかつ相続財産に加算する必要がないことから、この点を考慮して適用の検討をする必要があります。

> **ポイント！2　贈与者死亡時の相続税課税**
>
> 　結婚・子育て資金の拠出時期により、贈与者死亡時の相続税課税が以下のように異なります。
>
> | 拠出時期 | 平成27年4月1日〜令和3年3月31日 | 令和3年4月1日〜令和5年3月31日 | 令和5年4月1日〜令和8年3月31日 |
> |---|---|---|---|
> | 相続財産への加算 | 加算あり | 加算あり | 加算あり |
> | 相続税の2割加算 | 適用なし | 適用あり | 適用あり |
>
> 　教育資金贈与と異なり、こちらは使い残しに一般税率での相続税課税があるので、使いきる場合のみに適用した方がよいということになります。

第2章 財産種類別の生前贈与の活用と留意点

1 贈与税申告の現状

　最近の贈与税の申告状況を相続時精算課税と暦年課税の2つの方式を比較しながら、実際の件数を見ていきます。国税庁が、毎年5、6月に公表している「所得税、消費税及び贈与税の確定申告状況等について」によると、最近の贈与税の申告状況は以下のとおりです。暦年贈与方式の件数は横ばいである。相続時精算課税贈与の令和5年分の件数が増えていることがわかります。

	令和2年分			令和3年分			令和4年分			令和5年分		
	申告人員(千人)	納税人員(千人)	納税額(億円)	申告人員(千人)	納税人員(千人)	納税額(億円)	申告人員(千人)	納税人員(千人)	納税額(億円)	申告人員(千人)	納税人員(千人)	納税額(億円)
合計	485	354	2,772	532	389	3,327	497	379	3,200	510	376	3,548
暦年課税	446	351	(62)2,177	488	385	(74)2,840	454	375	(72)2,693	461	371	(80)2,985
精算課税	39	4	(1,701)595	44	4	(1,215)487	43	4	(1,292)507	49	5	(1,216)563

(注)1　各年分とも翌年3月末日までに提出された申告書の件数である。
　　2　相続時精算課税に係る人員には、暦年課税との併用者を含んでいる。
　　3　納税額欄の上段（　）書きは、1人当たりの納税額で単位は万円である。

(1) 贈与財産種類別、課税状況（令和4年分）

贈与財産等の種類	暦年課税分 人員（人）	暦年課税分 取得財産価額（億円）	相続時精算課税分 人員（人）	相続時精算課税分 取得財産価額（億円）
土地	50,796	2,195	22,239	1,983
家屋等	25,097	543	14,191	400
事業用財産	1,453	39	169	14
有価証券	76,230	4,243	3,722	2,722
預貯金等	237,686	8,322	15,259	1,658
家庭用財産その他	33,629	1,213	1,569	95
合　計	392,430	16,559	43,211	6,873

(注)1　令和4年分につき、暦年課税分の非課税の者を除き、令和5年6月30日までに提出された分
　　2　令和4年度版国税庁統計年報書を基に作成

(2) 贈与財産価額階級別、課税状況（令和4年分）

取得財産価額階級	暦年課税分 人員（人）	暦年課税分 取得財産価額（億円）	相続時精算課税分 人員（人）	相続時精算課税分 取得財産価額（億円）
150万円　以下	(72,506) 104,628	(375) 1,268	2,192	21
150万円　超	46,114	863	1,544	28
200万円　〃	135,029	3,992	6,692	204
400万円　〃	69,043	3,581	9,510	516
700万円　〃	19,325	1,633	7,259	638
1,000万円　〃	13,796	1,864	9,728	1,400
2,000万円　〃	2,667	630	3,851	931
3,000万円　〃	983	372	1,167	447
5,000万円　〃	378	269	665	463
1億円　〃	319	559	425	690
3億円　〃	61	240	71	227
5億円　〃	60	427	72	494
10億円　〃	13	171	22	287
20億円　〃	5	128	6	144
30億円　〃	2	77	4	158
50億円　〃	7	485	3	178
合　計	392,430	16,559	43,211	6,873

(注)1　令和4年分につき、令和5年6月30日までに提出された分
　　2　暦年課税分の（　）書きは、非課税の者で外書きである。
　　3　令和4年度版国税庁統計年報書を基に作成

(参考)

特例の申告状況	人員（人）	金額（億円）
住宅取得等資金	49,991	3,709
教育資金	18,357	1,278
結婚・子育て資金	372	17

2　財産の種類別贈与のポイントと注意点

(1)　現預金

　実際の申告状況をみると、暦年課税の人員ベースで60％、相続時精算課税の人員ベースで35％が現預金です。

　暦年贈与で繰り返し贈与を行うには、うってつけの財産と言えます。一方、相続時精算課税では、贈与者の相続時に改めて、贈与額を相続財産に加算して相続税を計算することになり、その際の加算額は贈与税の課税価額となりますので、贈与を受けた現金をそのままにしておくのでは、効果が薄いことになります。実際の申告状況もそれを物語っていると思います。贈与を受けた現金で、生命保険の保険料に回したり、株式を購入するなどが考えられます。

　現金の贈与は、一般的には、外部からはわかりにくいので、契約書を作成することが望まれます。特に未成年者への贈与は注意を要します。

〈未成年者への贈与〉

　民法の下記条文を踏まえ、受贈者別にファイルを作り、贈与税の申告書の控、古くなった通帳などをまとめておくことが必要と思われます。これは、将来名義預金ではない旨の立証に不可欠となります。

　また、贈与契約書も作成し、その際にサインは以下の（見本）を参考に行うと良いでしょう。

民法（抄）

（未成年者の法律行為）

第5条

　　未成年者が法律行為をするには、その法定代理人の同意を得なければならない。ただし、単に権利を得、又は義務を免れる法律行為

については、この限りでない。

(親権者)
第818条
① 成年に達しない子は、父母の親権に服する。
③ 親権は、父母の婚姻中は、父母が共同して行う。

(財産の管理及び代表)
第824条
親権を行う者は、子の財産を管理し、かつ、その財産に関する法律行為についてその子を代表する。

(財産の管理における注意義務)
第827条
親権を行う者は、自己のためにするのと同一の注意をもって、その管理権を行わなければならない。

(財産の管理の計算)
第828条
子が成年に達したときは、親権を行った者は、遅滞なくその管理の計算をしなければならない。

（参考）　定期金贈与と言われないように注意

　相続税法第24条に規定する「定期金給付契約に関する権利」とは、相続税法基本通達24－1《「定期金給付契約に関する権利」の意義》において、「契約によりある期間定期的に金銭その他の給付を受けることを目的とする債権をいう」こととされており、一定期間にわたり定期的に贈与を行うことが贈与者・受贈者間で契約されている場合には、その契約の時点で、定期金給付契約に関する権利の贈与として、贈与税の課税関係が生じることとなります。

　一方、贈与は、民法第549条《贈与》において、「当事者の一方が自己の財産を無償で相手方に与える意思を表示し、相手方が受諾をすることによって、その効力を生ずる」こととされており、贈与者の贈与の意思表示だけでなく、受贈者の贈与を受ける意思表示を必要とする双方合意で成立することとされております。

　また、贈与による財産の取得時期については、相続税法基本通達1の3・1の4共－8《財産取得の時期の原則》において「書面によるものについてはその契約の効力の発生した時」と取り扱われています。

　したがって、毎年贈与を行うとしても、各年に締結される贈与契約の内容に基づき、各年の贈与として贈与税の課税が行われることとなるものと解するのが相当であり、あらかじめ定期的に贈与することについて贈与者・受贈者双方の合意がなされている場合でない限り、「定期金給付契約に関する権利」の贈与に該当するものではないと考えられます（平成28年3月30日　東京国税局審理課長文書回答を一部改変）。

(見本)

贈 与 契 約 書

　贈与者○○を甲とし、受贈者○○を乙として、甲乙間において次のとおり契約を締結する。

第1条（贈与物件）
　甲は、金2,000,000円を乙に贈与する。
　令和○年1月31日までに、乙の指定する口座に振り込むものとする。

第2条（協議等）
　本契約に定めなき事項または本契約の解釈について疑義が生じた事項に関しては、甲及び乙は信義に従い誠実に協議の上、円満なる解決をはかるものとする。

　本契約締結の証として本書一通を作成し、甲及び乙は各自署名捺印の上、乙が保有する。

　令和○年1月4日

　　　　　　　　　　　　　　　贈与者　　　甲　印
　　　　　　　　　　　　　　　受贈者　　　乙
　　　　　　　　　　　　　　　　親権者　A　印
　　　　　　　　　　　　　　　　親権者　B　印

(2) 不動産

　実際の申告状況をみると、暦年課税の人員ベースで19％、相続時精算課税の人員ベースではなんと84％が不動産（土地・家屋等）です。

　暦年贈与でそれほど件数がないのは、コスト面からと思われます。贈与を受けた財産が不動産の場合の登録免許税の税率は、相続の時の税率より高くなり、土地の場合、相続が0.4％に対し、贈与は1.5％（建物の場合2％）となります。

　財産の贈与につき課される、不動産取得税の税率は、相続では非課税となるのに対し、宅地の場合、1/2×3％（建物の場合4％）となります。

　一方、相続時精算課税では84％の方が不動産を贈与しており、ある程度大きく贈与できるからか、将来値上がりを予想しての贈与と思われます。特に、高収益の不動産の贈与が効果的と思われます。

　高収益の賃貸物件を保有している場合には、建物のみの持分を家族に贈与するのも有効です。土地の利用関係は使用貸借にしておくことが効果的です。所得税の累進回避になるとともに、不動産からの収益のたまりが受贈者に移転することにもなり、有効です。

　この際に、贈与者に借入金がある場合には、負担付贈与にならないように注意が必要です(注)。また、銀行の承諾も必要となり、贈与した部分に係る借入金が残れば、その部分の金利は経費になりません。

　評価が高い物件になると、相続時精算課税制度の利用も視野に入ってきますが、贈与者の年齢、財産の状況、受贈者の年齢、子供か孫かなど、多方面から検討を加え、選択を慎重に行う必要があります。

　最後に、贈与（暦年贈与・相続時精算課税とも）により移転をした不動産に関しては、相続税の申告において小規模宅地等の減額の適用ができないことに注意を要します。また、相続時精算課税制度での贈与財産

は、相続税のときに物納ができないことも理解する必要があります。

(注) 負担付贈与になると、不動産の評価が「通常の取引価額に相当する金額」によって評価することになります（平成元年3月29日「負担付贈与又は対価を伴う取引により取得した土地等及び家屋等に係る評価並びに相続税法第7条及び第9条の規定の適用について」）。

(3) 上場株式

実際の申告状況をみると、暦年課税の人員ベースで19％、相続時精算課税の人員ベースでは9％が有価証券（上場・非上場とも）です。

不動産に比べ暦年贈与、相続時精算課税とも、繰り返し贈与を行うのが容易であると考えられます。毎年100株ずつなどの贈与ができます。

上場株式の場合、株価が上昇しているときの贈与が好機です。

贈与者が、資産運用で保有している上場株式がある場合には、その値動きにも注意を払っていく必要があります。仮に、1株1,000円で購入した上場株式を保有していて、その株価が500円になっている場合を想定します。この株価が急回復して、2か月の間に1,000円になったとすると、上場株式の相続税評価は以下のように、500円となることが注目できます。

〈上場株式の相続税評価額〉（評価基本通達169）
以下の4つのうち、最も低い金額となります。
① 相続開始日の終値
② 相続開始日の属する月の月中平均
③ 相続開始日の属する前月の月中平均
④ 相続開始日の属する前々月の月中平均

具体的には、500円位で上下していた株式が、短期間に1,000円位に上昇した銘柄があれば、贈与をする絶好の機会になります。

この株式は、上記の評価基本通達169により、1株500円の評価で贈与することができます。贈与を受けたのち、1,000円で売却しても、受贈者は、特定口座で贈与者の取得価額を引き継げるので、譲渡所得はかからないことになります。そして、1株1,000円を手に入れることができます。

　ただし、負担付贈与又は個人間の売買では、課税時期の終値だけで評価されるので注意が必要です（評価基本通達169(2)）。

(4) 非上場株式

　暦年課税の場合は生前7年以内に限り、相続時精算課税の場合は常に、贈与者の相続時に改めて、贈与額を相続財産に加算して相続税を計算することになり、その際の加算額は贈与税の課税価額となりますので、贈与財産の価額が上昇するとメリットがあります。

　一方、贈与財産の価額が下落するとデメリットとなり、無価値になっても贈与時点の課税価額での持ち戻しが必要になりますので、株価が安くなった時を見計らって贈与するのが効果です。

　非上場株式を贈与で取得した場合に、相続が発生した時点で納税のために当該贈与を受けた非上場株式をその発行会社に譲渡する、いわゆる自己株式の譲渡をすることがあると思います。

　自己株式の譲渡の基本的な規定は、発行法人の資本金等の額を超える部分の金額については、みなし配当として総合課税となるのが原則です（所法25①四）が、相続株式については、特例があり、みなし配当とせずに譲渡所得の収入金額として分離課税として取り扱う旨の規定があります（措法9の7）。以下、条文を見ていきます。

(相続財産に係る株式をその発行した非上場会社に譲渡した場合のみなし配当課税の特例)

第9条の7 相続又は遺贈(贈与者の死亡により効力を生ずる贈与を含む。以下この項において同じ。)による財産の取得(相続税法又は第70条の7の3若しくは第70条の7の7の規定により相続又は遺贈による財産の取得とみなされるものを含む。)をした個人で当該相続又は遺贈につき同法の規定により納付すべき相続税額があるものが、当該相続の開始があった日の翌日から当該相続に係る同法第27条第1項又は第29条第1項の規定による申告書(…略…)の提出期限の翌日以後3年を経過する日までの間に当該相続税額に係る課税価格<u>(同法第19条又は第21条の14から第21条の18までの規定の適用がある場合には、これらの規定により当該課税価格とみなされた金額)</u>の計算の基礎に算入された金融商品取引法第2条第16項に規定する金融商品取引所に上場されている株式その他これに類するものとして政令で定める株式を発行した株式会社以外の株式会社(以下この項において「非上場会社」という。)の発行した株式をその発行した当該非上場会社に譲渡した場合において、当該譲渡をした個人が当該譲渡の対価として当該非上場会社から交付を受けた金銭の額が当該非上場会社の法人税法第2条第16号に規定する資本金等の額のうちその交付の基因となつた株式に係る所得税法第25条第1項に規定する株式に対応する部分の金額を超えるときは、その超える部分の金額については、同項の規定は、適用しない。

アンダーラインを付した(筆者加筆)ところでは、暦年課税の生前贈与加算又は相続時精算課税により課税価格に算入された非上場株式が対

象となっているので、この規定の対象財産となります。

　対象者ですが、相続又は遺贈により財産を取得した個人とあります。暦年課税の生前贈与加算をされる者は、相続又は遺贈により財産を取得した者になり、相続時精算課税の適用を受けた者で、相続又は遺贈により財産を取得した者も当然にこの規定の対象になります。

　相続時精算課税の適用を受けた者で、相続により財産を取得しなかった者は、相続税法第21条の16で、その贈与を「相続により取得したものとみなす」と規定されているので、相続税法により相続により財産を取得した者に含まれるのでこの規定の対象となります。

　また、この規定は、株式会社の発行した株式が対象とされているため、合同会社などの出資は含まれないことになります。有限会社の出資（株式）は、有限会社特例法により、出資を株式と読み替えているので、適用があります。

　注意すべき点は、租税特別措置法9条の7は、「交付を受けた金銭」と規定されていることです。通常は、相続税納付のための譲渡なので、金銭を交付することが多いと思われますが、対価を未払いとしたり、借入金と相殺した場合は適用がないことになります。

　以上により、譲渡所得となる結果、租税特別措置法第39条の取得費加算の特例が適用されます。こちらも条文を見ていきます。

> **（相続財産に係る譲渡所得の課税の特例）**
> 　**第39条**　相続又は遺贈（贈与者の死亡により効力を生ずる贈与を含む。以下この条において同じ。）による財産の取得（相続税法又は第70条の5、第70条の6の9、第70条の7の3若しくは第70条の7の7の規定により相続又は遺贈による財産の取得とみなされ

> るものを含む。(…略…))をした個人で当該相続又は遺贈につき同法の規定による相続税額があるものが、当該相続の開始があった日の翌日から当該相続に係る同法第27条第1項又は第29条第1項の規定による申告書（…略…）の提出期限（…略…）の翌日以後3年を経過する日までの間に当該相続税額に係る課税価格（同法第19条又は第21条の14から第21条の18までの規定の適用がある場合には、これらの規定により当該課税価格とみなされた金額）の計算の基礎に算入された資産の譲渡（…略…）をした場合における譲渡所得に係る所得税法第33条第3項の規定の適用については、同項に規定する取得費は、当該取得費に相当する金額に当該相続税額のうち当該譲渡をした資産に対応する部分として政令で定めるところにより計算した金額を加算した金額とする。

こちらも、前述のみなし配当の特例と同様の規定ぶりです。暦年贈与の場合も相続時精算課税の場合もこの規定の対象となります。なお、この規定は、株式会社の発行した株式のみに限定されていないので、合同会社などの出資も含まれることになります。

また、持株比率による株主の権利の差異にも留意する必要があります。
○ 株主総会の特別決議を要する事項（下表①）は2／3超の賛成で可決することができます。
○ 株主総会の普通決議を要する事項（下表②）は過半数の賛成で可決することができます。
○ 少数株主保護のために1／3以下の株主にも認められる権利（少数株主権下表③）があります。

〈持株比率による株主の権利の差異〉

①特別決議 (2/3超) (会社法309②)	・**譲渡制限株式の会社による買取り**（会社法140②）、**指定買取人の指定**（会社法140⑤） ・自己株式の相対での買受け（会社法156①、160①） ・全部取得条項付種類株式の取得（会社法171①） ・**相続人に対する自己株式の売渡請求**（会社法175①） ・株式の併合（会社法180②） ・募集株式の募集事項などの決定（会社法199②、200①、202③四、204②、205②） ・募集新株予約権の募集事項などの決定（会社法238②、239①、241③四、243②、244③） ・累積投票により選任された取締役の解任・監査役の解任（会社法339①） ・役員などの責任の軽減（会社法425①） ・資本の減少（会社法447①） ・株主に金銭分配請求権を与えない現物配当（会社法454④） ・**定款の変更**（会社法466） ・**会社分割・合併・株式交換・株式移転、事業の全部又は重要な一部の譲渡、解散**（会社法467①、471三、473、783①ほか）
②普通決議 (1/2以上)	・合意による自己株式の取得（会社法156①） ・総会検査役の選任（会社法316①） ・業務財産検査役の選任（会社法316②） ・株主総会の延期・続行決議（会社法317） ・役員の選任・解任（会社法329①、341） ・会社と取締約との間の訴えにおける会社代表者の選任（会社法353） ・会計監査人の出席要求決議（会社法398②） ・計算書類の承認（会社法438②、441④） ・欠損額を超えない範囲で決定する資本金の額の減少（会社法447①） ・準備金の額の減少（会社法448①） ・資本金の額の増加（会社法450②） ・準備金の額の増加（会社法451②） ・剰余金の処分（会社法452） ・剰余金の配当（会社法454①）
③少数株主 (1/3以上)	1/3以上の議決権があると、上記①の特別決議の議案の拒否権を持つことになります。

④少数株主権 10％以上	・会社解散の訴えを提起する権利
⑤少数株主権 3％以上	**・会社の会計帳簿等を閲覧させるよう要求する権利** ・株主総会を招集するよう要求する権利 ・会社の業務執行に関して検査役の選任を要求する権利 **・会社の役員を解任する訴えを提起する権利**
⑥少数株主権 1％以上	・株主総会の議題を提案できる権利 ・株主総会で提出する予定の議案を、株主に事前に通知するよう要求する権利 ・株主総会の招集手続などについて検査役を選任するよう求める権利
⑦少数株主権 1株以上	・株主総会の決議に加わることができる権利（議決権） ・配当金をもらうことができる権利（配当請求権） ・会社が解散したときに残余財産をもらうことができる権利（残余財産請求権） ・株主総会で議案を提案できる権利 **・計算書類等を見ることができる権利** ・定款を見ることができる権利 ・株主名簿を見ることができる権利 **・株主代表訴訟を提起する権利** **・取締役の違法行為を差し止め請求する権利** **・会社が新規に株式を発行するのを差し止め請求する権利** **・株主総会で行なわれた決議の取り消しの訴えを提起する権利**

⑸ 同族会社への貸付金

　同族会社への貸付金も、繰り返し贈与を行うには、うってつけの財産と言えます。特に、暦年課税において顕著かと思います。相続時精算課税では、贈与者の相続時に改めて、贈与額を相続財産に加算して相続税を計算することになり、その際の加算額は贈与税の課税価額となりますので、貸付金をそのままにしておくのでは、効果が薄いことになります。

　同族会社への貸付金の処理において、上記の贈与が有効なのは、貸付金に見合う財産が同族会社の資産勘定に存在することが前提となります。

見合う財産がない場合には、貸付金の債務免除等を検討することになります。

　同族会社への貸付金の贈与を行う際には、贈与契約書の作成（債権譲渡契約書、印紙200円）に加え、債務者への通知をする必要があることに注意を要します。

民法

（指名債権の譲渡の対抗要件）

第467条　指名債権の譲渡は、譲渡人が債務者に通知をし、又は債務者が承諾をしなければ、債務者その他の第三者に対抗することができない。

2　前項の通知又は承諾は、確定日付のある証書によってしなければ、債務者以外の第三者に対抗することができない。

第3章 令和6年以後の贈与の最適解の検証

1 実務の対応の原則

令和6年1月からの贈与については、大きな改正が行われました。そうした中で、令和6年以降の贈与の実務の対応は以下のことが考えられます。

① 推定相続人以外(孫)への贈与は、当該受贈者が相続又は遺贈により被相続人から財産を取得しない限り、相続前贈与加算はないので、暦年贈与を積極的に考えることも重要になります。

② 推定相続人に対しても生前贈与の加算が行われないような暦年贈与を行っていくことになります。生前贈与の加算が視野に入ってくると、110万円の別枠の基礎控除が設けられる相続時精算課税を利用していくことも考慮していくものと思われます。

③ 配偶者への贈与は、仮に3年以内に相続が発生した場合には、支払った贈与税額が控除しきれずに還付ができないことが想定されるので、大きな金額の贈与はよく検討してからにすべきです。

贈与の相手先	実務の対応策
推定相続人(配偶者以外の子)	相続前贈与加算が視野に入る前は、相続税の限界税率以下での贈与を行う。視野に入ってきたら、相続時精算課税の非課税110万円の利用も検討する。
配偶者	相続前贈与加算が3年であるが、相続前贈与加算の対象となった場合、支払った贈与税の控除ができない恐れがあるので多額の贈与は避ける。
推定相続人以外(孫など)	原則相続前贈与加算がないので、相続税の限界税率以下での暦年贈与を行う。

2　平均税率・限界税率の考え方

相続税、贈与税は、課税価格が増えれば増えるほど、適用される税率が高くなる累進構造を採用しています（4ページに相続税の速算表、31ページに贈与税の速算表を掲げている。）。限界税率とは、ある課税価格から、財産の増減があったときに、その増減分に適用される税率のことをいいます。

例えば、一般税率適用者が、1,000万円の贈与を行うとします。110万円の基礎控除があり、基礎控除後の課税価格は890万円となります。

贈与税額は以下のように算出されます。

890万円×40%−125万円＝231万円

したがって、ここから贈与財産が増減すると、適用される税率は40%となるので、この40%が限界税率となります。贈与金額1,000万円に対する税率は23.1%ですが、これは平均税率といいます。

相続税も同様のことが言えますが、相続税は配偶者の税額軽減がありますので、単純ではありません。

例えば、配偶者と子2人が相続人であるときに、基礎控除後の課税価格の合計額が3億円のときの限界税率を求めてみます。

相続税額は以下のように算出されます。

3億円×1/2＝1.5億円……………………(A)

3億円×1/2×1/2＝0.75億円………………(B)

A×40%−0.17億円＝0.43億円……………(C)

B×30%−0.07億円＝0.155億円……………(D)

C＋D×2人＝0.74億円………………………(E)

財産が1,000万円増加した場合の相続税を算出してみます。

3.1億円×1/2＝1.55億円……………………(F)

3.1億円×1/2×1/2＝0.775億円……………(G)

F×40%−0.17億円＝0.45億円……………(H)

G×30％－0.07億円＝0.1625億円‥‥‥‥‥‥‥‥(I)

H＋I×2＝0.775億円‥‥‥‥‥‥‥‥‥‥‥‥‥(J)

J－E＝0.035億円‥‥‥‥‥‥‥‥‥‥‥‥‥1,000万円に対する割合は35％

これが配偶者軽減前の限界税率となります。この35％は、上記の計算式で使用する30％と40％の平均となります。配偶者軽減後の限界税率は35％×1／2＝17.5％となります。すべての階級を表にすると下記のようになります。

〈配偶者と子2人が相続人であるときの相続税の限界税率の求め方〉

相続税						贈与税
課税対象額① （基礎控除後）	計算過程①×	税率	左記の 平均②	配偶者軽減後の 限界税率②／2		限界税率
24億円超	1／2＝12億円 1／4＝6億円	55％ 55％	55％	27.5％	⇐	55％ 〜 30％
24億円以下 12億円超	1／2＝6億円 1／4＝3億円	55％ 50％	52.5％	26.25％		
12億円以下 8億円超	1／2＝4億円 1／4＝2億円	50％ 45％	47.5％	23.75％		
8億円以下 6億円超	1／2＝3億円 1／4＝1.5億円	50％ 40％	45％	22.5％		
6億円以下 4億円超	1／2＝2億円 1／4＝1億円	45％ 40％	42.5％	21.25％		
4億円以下 2億円超	1／2＝1億円 1／4＝0.5億円	40％ 30％	35％	17.5％	⇐	20％
2億円以下 1.2億円超	1／2＝0.6億円 1／4＝0.3億円	30％ 20％	25％	12.5％	⇐	15％
1.2億円以下 1億円超	1／2＝0.5億円 1／4＝0.25億円	30％ 15％	22.5％	11.25％		
1億円以下 0.6億円超	1／2＝0.3億円 1／4＝0.15億円	20％ 15％	17.5％	8.75％	⇐	10％
0.6億円以下 0.4億円超	1／2＝0.2億円 1／4＝0.1億円	15％ 15％	15％	7.5％		
0.4億円以下 0.2億円超	1／2＝0.1億円 1／4＝0.05億円	15％ 10％	12.5％	6.25％		
0.2億円以下	1／2＝0.1億円 1／4＝0.05億円	10％ 10％	10％	5％		

3 遺産額別の最適な贈与事例の検証

 遺産が5億円のケース

(1) 何も対策をしない場合

ケース①－1 (単位：円)

〈相続税の試算〉

			配偶者	子2人
課税財産額	A	500,000,000	250,000,000	250,000,000
基礎控除額	B	△48,000,000		
課税対象額	C (=A－B)	452,000,000		
算出相続税額	D	131,100,000	65,550,000	65,550,000
配偶者の軽減額	E	△65,550,000	△65,550,000	
納付税額	F (=D－E)	65,550,000	0	65,550,000

(※) 限界税率→(0.4+0.45)/4＝21.25%

　ケース①－1の相続税の限界税率は21.25％であり、これを下回る贈与税の限界税率は20、15、10％とあります。しかし、相続がいつ起きるかは実際にはわからないため、限界税率10％での贈与（310万円の贈与）を実行し続けて、①10年後に相続が起きたケース、②20年後に相続が起きたケースの比較をみていきます。

(2) 対策をした場合

① 相続が10年後の場合

ケース①-2 10年間、暦年贈与を行った後に相続があった場合

- 子2人には、毎年310万円ずつの暦年贈与を行う。
- 配偶者には、毎年310万円ずつの暦年贈与を行う。

〈相続税試算の前提〉

・法定相続人が、配偶者、子2人のケースを想定し検証します。
・第一次相続の分割協議は、配偶者死亡時の第二次相続のことは考慮せず、配偶者の税額軽減の適用に当たり、1億6千万円までの取得が非課税となる制度も適用せず、相続前贈与加算を加味した課税価格の1/2を配偶者が取得するようにしています。ただし、配偶者に贈与税額控除がある場合には、その控除を適用するために、1/2より若干多く財産を取得することとします。

● 贈与税：1人1年20万円（＝（310－110）×10％）

● ☐：相続税に加算

● 贈与税額控除：1人140万円（＝20万円×7年）

（1段は年目、2段以降は万円・ 暦＝暦年贈与、精＝相続時精算課税）

	1	2	3	4	5	6	7	8	9	10	贈与金額合計	1人当たり加算額※
配偶者	暦310	暦310	暦310	暦310	暦310	暦310	暦310	暦310	暦310	暦310	3,100	310×7－100＝2,070
子1人当たり	暦310	暦310	暦310	暦310	暦310	暦310	暦310	暦310	暦310	暦310	3,100	310×7－100＝2,070

※ 加算額については、3年超7年以内の分から100万円控除されます（6ページ参照）。（以下、同じです。）

〈相続税の試算〉

(単位:円)

			配偶者	子2人
スタート時点の財産	A	500,000,000		
贈与財産	B	93,000,000	310万円×10 31,000,000	310万円×10×2人 62,000,000
上記のうち生前加算	C	62,100,000	20,700,000	41,400,000
相続税課税対象財産	D (=A−B+C)	469,100,000	240,200,000	228,900,000
基礎控除額	E	△48,000,000		
課税対象額	F (=D−E)	421,100,000		
算出相続税額	G	117,967,500	60,404,591	57,562,909
配偶者の軽減額	H	△58,983,750	△58,983,750	
贈与税額控除	I	△4,200,000	△1,400,000	△2,800,000
納付税額	J	54,783,700	20,800	54,762,900
贈与税の合計額	K	6,000,000	2,000,000	4,000,000
納付税額合計(J+K)	L	60,783,700	2,020,800	58,762,900

結果

ケース①−1 に比べ、477万円少ない

(ケース①-3) 10年間、子に相続時精算課税贈与を行った後に相続があった場合

- 子2人には、毎年310万円ずつの相続時精算課税贈与を行う。
- 配偶者には、毎年310万円ずつの暦年贈与を行う。

（1段は年目、2段以降は万円・ 暦＝暦年贈与、精＝相続時精算課税）

	1	2	3	4	5	6	7	8	9	10	贈与金額合計	1人当たり加算額
配偶者	暦 310	暦 310	暦 310	暦 310	暦 310	暦 310	暦 310	暦 310	暦 310	暦 310	3,100	310×7－100＝2,070
子1人当たり	精 310 200	精 310 200	精 310 200	精 310 200	精 310 200	精 310 200	精 310 200	精 310 200	精 310 200	精 310 200	3,100	200×10＝2,000

● 贈与税

　　配偶者：1年20万円（＝（310－110）×10％）

　　子1人：310万円－相続時精算課税の基礎控除110万円＝200万円

　　　　　　200万円×10年

　　　　　　＝2,000万円＜相続時精算課税の特別控除2,500万円

　　　　　　∴贈与税はゼロ

● ▢：相続税に加算

● 贈与税額控除：配偶者のみ140万円（＝20万円×7年）

〈相続税の試算〉

(単位：円)

			配偶者	子2人
スタート時点の財産	A	500,000,000		
贈与財産	B	93,000,000	310万円×10 31,000,000	310万円×10×2人 62,000,000
上記のうち生前加算	C	60,700,000	20,700,000	40,000,000
相続税課税対象財産	D (=A−B +C)	467,700,000	239,500,000	228,200,000
基礎控除額	E	△48,000,000		
課税対象額	F (=D−E)	419,700,000		
算出相続税額	G	117,372,500	60,104,156	57,268,344
配偶者の軽減額	H	△58,686,250	△58,686,250	
贈与税額控除	I	△1,400,000	△1,400,000	0
納付税額	J	57,286,200	17,900	57,268,300
贈与税の合計額	K	2,000,000	2,000,000	0
納付税額合計（J＋K）	L	59,286,200	2,017,900	57,268,300

↓結果

ケース①−2 に比べ、150万円少ない

② 相続が20年後の場合

ケース①-4 20年間、暦年贈与を行った後に相続があった場合

- 子2人には、毎年310万円ずつの暦年贈与を行う。
- 配偶者には、毎年310万円ずつの暦年贈与を行う。

（1段は年目、2段以降は万円・ 暦＝暦年贈与、精＝相続時精算課税）

	1	2	3〜13	14	15	16	17	18	19	20	贈与金額合計	1人当たり加算額
配偶者	暦310	暦310	暦310	暦310	暦310	暦310	暦310	暦310	暦310	暦310	6,200	310×7－100＝2,070
子1人当たり	暦310	暦310	暦310	暦310	暦310	暦310	暦310	暦310	暦310	暦310	6,200	310×7－100＝2,070

● 贈与税：1人1年20万円（＝（310－110）×10％）
● ▨：相続税に加算
● 贈与税額控除：1人140万円（＝20万円×7年）

（単位：円）

〈相続税の試算〉

			配偶者	子2人
スタート時点の財産	A	500,000,000		
贈与財産	B	186,000,000	310万円×20 62,000,000	310万円×20×2人 124,000,000
上記のうち生前加算	C	62,100,000	20,700,000	41,400,000
相続税課税対象財産	D (＝A－B ＋C)	376,100,000	194,400,000	181,700,000
基礎控除額	E	△48,000,000		
課税対象額	F (＝D－E)	328,100,000		
算出相続税額	G	83,835,000	43,332,954	40,502,046
配偶者の軽減額	H	△41,917,500	△41,917,500	
贈与税額控除	I	△4,200,000	△1,400,000	△2,800,000
納付税額	J	37,717,400	15,400	37,702,000
贈与税の合計額	K	12,000,000	4,000,000	8,000,000
納付税額合計（J＋K）	L	49,717,400	4,015,400	45,702,000

↓結果

−1 に比べ、1,583万円少ない

ケース①-5　20年間、子に相続時精算課税贈与を行った後に相続があった場合

- 子2人には、毎年310万円ずつの相続時精算課税贈与を行う。
- 配偶者には、毎年310万円ずつの暦年贈与を行う。

（1段は年目、2段以降は万円・ 暦=暦年贈与、精=相続時精算課税）

	1	2	3〜13	14	15	16	17	18	19	20	贈与金額合計	1人当たり加算額
配偶者	暦 310	暦 310	暦 310	暦 310	暦 310	暦 310	暦 310	暦 310	暦 310	暦 310	6,200	310×7 − 100=2,070
子1人当たり	精 310 200	精 310 200	精 310 200	精 310 200	精 310 200	精 310 200	精 310 200	精 310 200	精 310 200	精 310 200	6,200	200×20= 4,000

● 贈与税

　　配偶者：1年20万円（=（310−110）×10%）

　　子1人：310万円−相続時精算課税の基礎控除110万円=200万円

　　　　　　200万円×20年=4,000万円

　　　　　　4,000万円−相続時精算課税の特別控除2,500万円

　　　　　　=1,500万円

　　　　　　贈与税　1,500万円×20%=300万円

● ▨：相続税に加算

● 贈与税額控除

　　配偶者：140万円（=20万円×7年）

　　子1人：上記相続時精算課税贈与の贈与税　300万円

〈相続税の試算〉   (単位:円)

			配偶者	子2人
スタート時点の財産	A	500,000,000		
贈与財産	B	186,000,000	310万円×20 62,000,000	310万円×20×2人 124,000,000
上記のうち生前加算	C	100,700,000	20,700,000	80,000,000
相続税課税対象財産	D (=A-B+C)	414,700,000	213,400,000	201,300,000
基礎控除額	E	△48,000,000		
課税対象額	F (=D-E)	366,700,000		
算出相続税額	G	97,345,000	50,092,653	47,252,347
配偶者の軽減額	H	△48,672,500	△48,672,500	
贈与税額控除	I	△7,400,000	△1,400,000	△6,000,000
納付税額	J	41,272,400	20,100	41,252,300
贈与税の合計額	K	10,000,000	4,000,000	6,000,000
納付税額合計(J+K)	L	51,272,400	4,020,100	47,252,300

 結果

ケース①-4 に比べ、156万円多い

〈相続税額比較〉   (千円)

ケース		対策なしの場合 ①-1	相続が10年後	相続が20年後
子に暦年贈与 ①-2 ①-4	相続税	65,550	54,783 (△10,767)	37,717 (△27,833)
	贈与税	−	6,000 (+6,000)	12,000 (+12,000)
	合計	65,550	60,783 (△4,767)	49,717 (△15,833)
子に相続時精算課税 ①-3 ①-5	相続税	65,550	57,286 (△8,264)	41,272 (△24,278)
	贈与税	−	2,000 (+2,000)	10,000 (+10,000)
	合計	65,550	59,286 (△6,264)	51,272 (△14,278)

(※) かっこ内は、①-1 との増減

子に暦年贈与を続けるか、相続時相続時精算課税にするかが決まっていると、相続開始までの年数が長い方が、納税額の減少効果はあります。

　興味深いのは、相続が10年後の場合は、相続時精算課税贈与を選択したほうが相続税と贈与税の合計納税額は少なくなっていますが、相続が20年後の場合には、暦年課税贈与の方が効果が高いことが分かりました。これは、暦年課税贈与を選択した場合に相続までが20年あると、相続前加算の対象外となる期間が13年と長くなることによります。

　したがって、相続前加算されない期間（相続が予想される年より７年前より以前）については、暦年贈与で贈与を行い、その後は相続時精算課税の基礎控除を利用した110万円の生前贈与の加算が行われない贈与を行うことが有利になるものと思われます。それを以下、検証していきたいと思います。

ケース①-6 10年後に相続があると見込まれるときに、子に3年間は暦年贈与を行い、その後に相続時精算課税贈与を行った場合

- 子2人には、3年間、毎年310万円ずつの暦年贈与を行い、4年目からは310万円の相続時精算課税贈与を行う。
- 配偶者には、毎年310万円ずつの暦年贈与を行う。

（1段は年目、2段以降は万円・ 暦＝暦年贈与、精＝相続時精算課税）

	1	2	3	4	5	6	7	8	9	10	贈与金額合計	1人当たり加算額
配偶者	暦310	暦310	暦310	暦310	暦310	暦310	暦310	暦310	暦310	暦310	3,100	310×7－100＝2,070
子1人当たり	暦310	暦310	暦310	精310 200	精310 200	精310 200	精310 200	精310 200	精310 200	精310 200	3,100	200×7＝1,400

● 贈与税

　　配偶者：1年20万円（＝（310－110）×10％）

　　子1人：3年目まで　1年20万円

　　　　　　4年目以降　200万円×7年

　　　　　　＝1,400万円＜相続時精算課税の特別控除2,500万円

　　　　　　∴贈与税はゼロ　贈与税合計　20万円×3年＝60万円

● ▨：相続税に加算

● 贈与税額控除：配偶者のみ140万円（＝20万円×7年）

（単位：円）

〈相続税の試算〉

			配偶者	子2人
スタート時点の財産	A	500,000,000		
贈与財産	B	93,000,000	310万円×10 31,000,000	310万円×10×2人 62,000,000
上記のうち生前加算	C	48,700,000	20,700,000	28,000,000
相続税課税対象財産	D (=A－B +C)	455,700,000	233,600,000	222,100,000
基礎控除額	E	△48,000,000		
課税対象額	F (=D－E)	407,700,000		
算出相続税額	G	112,272,500	57,552,899	54,719,601
配偶者の軽減額	H	△56,136,250	△56,136,250	
贈与税額控除	I	△1,400,000	△1,400,000	0
納付税額	J	54,736,200	16,600	54,719,600
贈与税の合計額	K	3,200,000	2,000,000	1,200,000
納付税額合計（J＋K）	L	57,936,200	2,016,600	55,919,600

結果

ケース①－3 に比べ、135万円少ない

ケース①-7 20年後に相続があると見込まれるときに、子に13年間は暦年贈与を行い、その後に相続時精算課税贈与を行った場合

- 子2人には、13年間、毎年310万円ずつの暦年贈与を行い、14年目からは310万円の相続時精算課税贈与を行う。
- 配偶者には、毎年310万円ずつの暦年贈与を行う。

（1段は年目、2段以降は万円・ 暦＝暦年贈与、精＝相続時精算課税）

	1	2	3〜13	14	15	16	17	18	19	20	贈与金額合計	1人当たり加算額
配偶者	暦 310	暦 310	暦 310	暦 310	暦 310	暦 310	暦 310	暦 310	暦 310	暦 310	6,200	310×7－100＝2,070
子1人当たり	暦 310	暦 310	暦 310	精 310 200	精 310 200	精 310 200	精 310 200	精 310 200	精 310 200	精 310 200	6,200	200×7＝1,400

● 贈与税

　　配偶者：1年20万円（＝（310－110）×10％）

　　子1人：13年目までは1年20万円

　　　　　14年目以降は以下のとおり

　　　　　310万円－相続時精算課税の基礎控除110万円＝200万円

　　　　　200万円×7年

　　　　　＝1,400万円＜相続時精算課税の特別控除　2,500万円

　　　　　∴贈与税はゼロ　贈与税合計　20万円×13年＝260万円

● ▨：相続税に加算
● 贈与税額控除：配偶者のみ140万円（＝20万円×7年）

(単位：円)

〈相続税の試算〉

				配偶者	子2人
スタート時点の財産	A		500,000,000		
贈与財産	B		186,000,000	310万円×20 62,000,000	310万円×20×2人 124,000,000
上記のうち生前加算	C		48,700,000	20,700,000	28,000,000
相続税課税対象財産	D (=A－B ＋C)		362,700,000	187,800,000	174,900,000
基礎控除額	E		△48,000,000		
課税対象額	F (=D－E)		314,700,000		
算出相続税額	G		79,145,000	40,979,959	38,165,041
配偶者の軽減額	H		△39,572,500	△39,572,500	
贈与税額控除	I		△1,400,000	△1,400,000	0
納付税額	J		38,172,400	7,400	38,165,000
贈与税の合計額	K		9,200,000	4,000,000	5,200,000
納付税額合計（J＋K）	L		47,372,400	4,007,400	43,365,000

結果

ケース①－5 に比べ、390万円少ない

〈相続税額比較〉 (千円)

ケース		対策なし ①－1	相続が10年後	相続が20年後
子に暦年贈与 ①－2 ①－4	相続税	65,550	54,783（△10,767）	37,717（△27,833）
	贈与税	－	6,000（＋6,000）	12,000（＋12,000）
	合計	65,550	60,783（△4,767）	49,717（△15,833）
子に相続時精算 課税 ①－3 ①－5	相続税	65,550	57,286（△8,264）	41,272（△24,278）
	贈与税	－	2,000（＋2,000）	10,000（＋10,000）
	合計	65,550	59,286（△6,264）	51,272（△14,278）
子に暦年課税か ら相続時精算課 税に移行 ①－6 ①－7	相続税	65,550	54,736（△10,814）	38,172（△27,378）
	贈与税	－	3,200（＋3,200）	9,200（＋9,200）
	合計	65,550	57,936（△7,614）	47,372（△18,178）

（※）　かっこ内は、①－1との増減

検証の結果、暦年贈与又は相続時精算課税贈与だけを選択し続けた場合に比べ、生前加算されない期間（相続が予想される年より7年前より以前）については、暦年贈与を利用し、その後は相続時精算課税贈与の基礎控除110万円を利用した生前贈与の加算が行われない贈与を行うことが有利になることがわかりました。

　さらに、財産額を3億円、2億円、1億円、8,000万円、10億円、20億円と分けて、具体的なシミュレーションを行っていきます。

② 遺産が3億円のケース

(1) ケース②－1 何も対策をしない場合

(単位:円)

〈相続税の試算〉

			配偶者	子2人
課税財産額	A	300,000,000	150,000,000	150,000,000
基礎控除額	B	△48,000,000		
課税対象額	C (=A-B)	252,000,000		
算出相続税額	D	57,200,000	28,600,000	28,600,000
配偶者の軽減額	E	△28,600,000	△28,600,000	
納付税額	F (=D-E)	28,600,000	0	28,600,000

(※) 限界税率→ (0.4+0.3)／4 ＝17.5％

　ケース②－1の相続税の限界税率は17.5％であり、これを下回る贈与税の限界税率は15、10、0％とあります。しかし、相続がいつ起きるかは実際にはわからないため、限界税率0％での贈与（110万円の贈与）を実行し続けて、①10年後に相続が起きたケース、②20年後に相続が起きたケースの比較をみていきます。

(2) 対策をした場合

① 相続が10年後の場合

ケース②-2 10年間、暦年贈与を行った後に相続があった場合

- 子2人には、毎年110万円ずつの暦年贈与を行う。
- 配偶者には、毎年110万円ずつの暦年贈与を行う。

〈相続税試算の前提〉

- 法定相続人が、配偶者、子2人のケースを想定し検証します。
- 第一次相続の分割協議は、配偶者死亡時の第二次相続のことは考慮せず、配偶者の税額軽減の適用に当たり、1億6千万円までの取得が非課税となる制度も適用せず、相続前贈与加算を加味した課税価格の1／2を配偶者が取得するようにします。

（1段は年目、2段以降は万円・ 暦=暦年贈与、精=相続時精算課税）

	1	2	3	4	5	6	7	8	9	10	贈与金額合計	1人当たり加算額
配偶者	暦110	暦110	暦110	暦110	暦110	暦110	暦110	暦110	暦110	暦110	1,100	110×7－100＝670
子1人当たり	暦110	暦110	暦110	暦110	暦110	暦110	暦110	暦110	暦110	暦110	1,100	110×7－100＝670

● 贈与税：ゼロ

● ▣：相続税に加算

(単位：円)

〈相続税の試算〉

			配偶者	子2人
スタート時点の財産	A	300,000,000		
贈与財産	B	33,000,000	110万円×10 11,000,000	110万円×10×2人 22,000,000
上記のうち生前加算	C	20,100,000	6,700,000	13,400,000
相続税課税対象財産	D (＝A－B ＋C)	287,100,000	143,550,000	143,550,000
基礎控除額	E	△48,000,000		
課税対象額	F (＝D－E)	239,100,000		
算出相続税額	G	52,685,000	26,342,500	26,342,500
配偶者の軽減額	H	△26,342,500	△26,342,500	
納付税額	I	26,342,500	0	26,342,500
贈与税の合計額	J	0		0
納付税額合計（I＋J）	K	26,342,500	0	26,342,500

結果

ケース②－1 に比べ、226万円少ない

ケース②-3　10年間、子に相続時精算課税贈与を行った後に相続があった場合

- 子2人には、毎年110万円ずつの相続時精算課税贈与を行う。
- 配偶者には、毎年110万円ずつの暦年贈与を行う。

（1段は年目、2段以降は万円・　暦＝暦年贈与、精＝相続時精算課税）

	1	2	3	4	5	6	7	8	9	10	贈与金額合計	1人当たり加算額
配偶者	暦110	暦110	暦110	暦110	暦110	暦110	暦110	暦110	暦110	暦110	1,100	110×7－100＝670
子1人当たり	精110	精110	精110	精110	精110	精110	精110	精110	精110	精110	1,100	

● 贈与税：ゼロ
● ☐：相続税に加算

（単位：円）

〈相続税の試算〉

			配偶者	子2人
スタート時点の財産	A	300,000,000		
贈与財産	B	33,000,000	110万円×10 11,000,000	110万円×10×2人 22,000,000
上記のうち生前加算	C	6,700,000	6,700,000	0
相続税課税対象財産	D（＝A－B＋C）	273,700,000	136,850,000	136,850,000
基礎控除額	E	△48,000,000		
課税対象額	F（＝D－E）	225,700,000		
算出相続税額	G	47,995,000	23,997,500	23,997,500
配偶者の軽減額	H	△23,997,500	△23,997,500	
納付税額	I	23,997,500	0	23,997,500
贈与税の合計額	J	0	0	0
納付税額合計（I＋J）	K	23,997,500	0	23,997,500

ケース②-2に比べ、235万円少ない

② 相続が20年後の場合

ケース②-4 20年間、暦年贈与を行った後に相続があった場合

- 子2人には、毎年110万円ずつの暦年贈与を行う。
- 配偶者には、毎年110万円ずつの暦年贈与を行う。

（1段は年目、2段以降は万円・ 暦＝暦年贈与、精＝相続時精算課税）

	1	2	3～13	14	15	16	17	18	19	20	贈与金額合計	1人当たり加算額
配偶者	暦110	暦110	暦110	暦110	暦110	暦110	暦110	暦110	暦110	暦110	2,200	110×7－100＝670
子1人当たり	暦110	暦110	暦110	暦110	暦110	暦110	暦110	暦110	暦110	暦110	2,200	110×7－100＝670

● 贈与税：ゼロ
● ▭：相続税に加算

（単位：円）

〈相続税の試算〉

			配偶者	子2人
スタート時点の財産	A	300,000,000		
贈与財産	B	66,000,000	110万円×20 22,000,000	110万円×20×2人 44,000,000
上記のうち生前加算	C	20,100,000	6,700,000	13,400,000
相続税課税対象財産	D（＝A－B＋C）	254,100,000	127,050,000	127,050,000
基礎控除額	E	△48,000,000		
課税対象額	F（＝D－E）	206,100,000		
算出相続税額	G	41,135,000	20,567,500	20,567,500
配偶者の軽減額	H	△20,567,500	△20,567,500	
納付税額	I	20,567,500	0	20,567,500
贈与税の合計額	J	0	0	0
納付税額合計（I＋J）	K	20,567,500	0	20,567,500

結果

ケース②-1 に比べ、803万円少ない

ケース②-5 20年間、子に相続時精算課税贈与を行った後に相続があった場合

- 子2人には、毎年110万円ずつの相続時精算課税贈与を行う。
- 配偶者には、毎年110万円ずつの暦年贈与を行う。

（1段は年目、2段以降は万円・ 暦=暦年贈与、精=相続時精算課税）

	1	2	3〜13	14	15	16	17	18	19	20	贈与金額合計	1人当たり加算額
配偶者	暦110	暦110	暦110	暦110	暦110	暦110	暦110	暦110	暦110	暦110	2,200	110×7－100＝670
子1人当たり	精110	精110	精110	精110	精110	精110	精110	精110	精110	精110	2,200	

● 贈与税：ゼロ
● ▢：相続税に加算

〈相続税の試算〉　　　　　　　　　　　　　　　　　　　　　（単位：円）

			配偶者	子2人
スタート時点の財産	A	300,000,000		
贈与財産	B	66,000,000	110万円×20 22,000,000	110万円×20×2人 44,000,000
上記のうち生前加算	C	6,700,000	6,700,000	0
相続税課税対象財産	D (=A-B+C)	240,700,000	120,350,000	120,350,000
基礎控除額	E	△48,000,000		
課税対象額	F (=D-E)	192,700,000		
算出相続税額	G	37,175,000	18,587,500	18,587,500
配偶者の軽減額	H	△18,587,500	△18,587,500	
納付税額	I		0	18,587,500
贈与税の合計額	J		0	0
納付税額合計（I+J）	K		0	18,587,500

結果

ケース②-4 に比べ、198万円少ない

〈相続税額比較〉 (千円)

ケース		対策なしの場合 ②-1	相続が10年後	相続が20年後
子に暦年贈与 ②-2 ②-4	相続税	28,600	26,343 (△2,257)	20,568 (△8,032)
	贈与税	−	−	−
	合計	28,600	26,343 (△2,257)	20,568 (△8,032)
子に相続時精算課税 ②-3 ②-5	相続税	28,600	23,998 (△4,602)	18,588 (△10,012)
	贈与税	−	−	−
	合計	28,600	23,998 (△4,602)	18,588 (△10,012)

(※) かっこ内は、②-1との増減

　子に暦年贈与を続けるか、相続時精算課税にするかが決まっていると、相続開始までの年数が長い方が、納税額の減少効果はあります。

　90ページの財産が5億円のときと違い、こちらでは基礎控除の範囲内110万円の贈与しか行っていないため、相続が10年後の場合でも20年後の場合も、相続時精算課税贈与を選択したほうが納税額は少なくなっています。

　財産が5億円のときに検討した生前加算されない期間（相続が予想される年より7年前より以前）については、暦年贈与で贈与を行い、その後は相続時精算課税の基礎控除の範囲内の110万円の生前贈与の加算が行われない贈与を行った場合にどうなるかを検証していきたいと思います。

ケース②-6 10年後に相続があると見込まれるときに、子に3年間は暦年贈与を行い、その後に相続時精算課税贈与を行った場合

- 子2人には、3年間、毎年110万円ずつの暦年贈与を行い、4年目からは110万円の相続時精算課税贈与を行う。
- 配偶者には、毎年110万円ずつの暦年贈与を行う。

（1段は年目、2段以降は万円・ 暦＝暦年贈与、精＝相続時精算課税）

	1	2	3	4	5	6	7	8	9	10	贈与金額合計	1人当たり加算額
配偶者	暦110	暦110	暦110	暦110	暦110	暦110	暦110	暦110	暦110		1,100	110×7 − 100 = 670
子1人当たり	暦110	暦110	暦110	精110	精110	精110	精110	精110	精110	精110	1,100	

● 贈与税：ゼロ
● ▭：相続税に加算

このケース②-6は、結果として相続前贈与金額、相続前贈与加算金額ともケース②-3と同じになります。相続税の試算は108ページを参照してください。

ケース②-7 20年後に相続があると見込まれるときに、子に13年間は暦年贈与を行い、その後に相続時精算課税贈与を行った場合

> ・ 子2人には、13年間、毎年110万円ずつの暦年贈与を行い、14年目からは110万円の相続時精算課税贈与を行う。
> ・ 配偶者には、毎年110万円ずつの暦年贈与を行う。

（1段は年目、2段以降は万円・ 暦＝暦年贈与、精＝相続時精算課税）

	1	2	3～13	14	15	16	17	18	19	20	贈与金額合計	1人当たり加算額
配偶者	暦110	暦110	暦110	暦110	暦110	暦110	暦110	暦110	暦110	暦110	2,200	110×7－100＝670
子1人当たり	暦110	暦110	暦110	精110	精110	精110	精110	精110	精110	精110	2,200	

● 贈与税：ゼロ
● ▢：相続税に加算

　このケース②-7も、生前贈与金額、生前贈与加算金額ともケース②-5と同じです。
　このケース②-6、②-7の件は、110万円という基礎控除の範囲内で贈与しているからです。
　では、ケース②-1の相続税の限界税率が17.5％でしたので、これを下回る贈与税の限界税率10％の贈与（310万円の贈与）を実行し続けて、①10年後に相続が起きたケース、②20年後に相続が起きたケースの比較をみていきます。
　子に対しては、生前加算されない期間（相続が予想される年より7年前より以前）については、暦年贈与で贈与を行い、その後は相続時精算課税贈与の基礎控除の範囲内で110万円の生前贈与の加算が行われない贈与を行うことが有利になるものと思われます。それを以下、検証していきたいと思います。

ケース②-8 10年後に相続があると見込まれるときに、子に3年間は暦年贈与を行い、その後に相続時精算課税贈与を行った場合

> ・ 子2人には、3年間、毎年310万円ずつの暦年贈与を行い、4年目からは310万円の相続時精算課税贈与を行う。
> ・ 配偶者には、毎年310万円ずつの暦年贈与を行う。

（1段は年目、2段以降は万円・ 暦＝暦年贈与、精＝相続時精算課税）

	1	2	3	4	5	6	7	8	9	10	贈与金額合計	1人当たり加算額
配偶者	暦310	暦310	暦310	暦310	暦310	暦310	暦310	暦310	暦310	暦310	3,100	310×7 − 100 = 2,070
子1人当たり	暦310	暦310	暦310	精310 200	精310 200	精310 200	精310 200	精310 200	精310 200	精310 200	3,100	200×7 = 1,400

● 贈与税

　　配偶者：1年20万円（＝（310−110）×10％）

　　子1人：3年目まで1年20万円

　　　　　4年目以降は以下の通り

　　　　　310万円−相続時精算課税の基礎控除110万円＝200万円

　　　　　200万円×7年

　　　　　＝1,400万円＜相続時精算課税の特別控除2,500万円

　　　　　∴贈与税はゼロ　贈与税合計20万円×3年＝60万円

● ▨：相続税に加算

● 贈与税額控除：配偶者のみ140万円（＝20万円×7年）

〈相続税の試算〉

(単位:円)

			配偶者	子2人
スタート時点の財産	A	300,000,000		
贈与財産	B	93,000,000	310万円×10 31,000,000	310万円×10×2人 62,000,000
上記のうち生前加算	C	48,700,000	20,700,000	28,000,000
相続税課税対象財産	D (=A-B+C)	255,700,000	136,500,000	118,200,000
基礎控除額	E	△48,000,000		
課税対象額	F (=D-E)	207,700,000		
算出相続税額	G	41,695,000	22,257,988	19,273,950
配偶者の軽減額	H	△20,847,500	△20,847,500	
贈与税額控除	I	△1,400,000	△1,400,000	0
納付税額	J	19,284,300	10,400	19,273,900
贈与税の合計額	K	3,200,000	2,000,000	1,200,000
納付税額合計(J+K)	L	22,484,300	2,010,400	20,473,900

結果

ケース②-3 に比べ、151万円少ない

ケース②-9 20年後に相続があると見込まれるときに、子に13年間は暦年贈与を行い、その後に相続時精算課税贈与を行った場合

- 子2人には、13年間、毎年310万円ずつの暦年贈与を行い、14年目からは310万円の相続時精算課税贈与を行う。
- 配偶者には、毎年310万円ずつの暦年贈与を行う。

（1段は年目、2段以降は万円・ 暦＝暦年贈与、精＝相続時精算課税）

	1	2	3〜13	14	15	16	17	18	19	20	贈与金額合計	1人当たり加算額
配偶者	暦 310	暦 310	暦 310	暦 310	暦 310	暦 310	暦 310	暦 310	暦 310	暦 310	6,200	310×7 − 100 = 2,070
子1人当たり	暦 310	暦 310	暦 310	精 310 200	精 310 200	精 310 200	精 310 200	精 310 200	精 310 200	精 310 200	6,200	200×7 = 1,400

● 贈与税

　　配偶者：1年20万円（＝（310−110）×10％）

　　子1人：13年目までは1年20万円

　　　　　14年目以降は以下のとおり

　　　　　310万円−相続時精算課税の基礎控除110万円＝200万円

　　　　　200万円×7年

　　　　　＝1,400万円＜相続時精算課税の特別控除2,500万円

　　　　　∴贈与税はゼロ　贈与税合計20万円×13年＝260万円

● ▨：相続税に加算
● 贈与税額控除：配偶者のみ140万円（＝20万円×7年）

117

〈相続税の試算〉　　　　　　　　　　　　　　　　　　　　　　　（単位：円）

				配偶者	子2人
スタート時点の財産	A	300,000,000			
贈与財産	B	186,000,000	310万円×20 62,000,000	310万円×20×2人 124,000,000	
上記のうち生前加算	C	48,700,000	20,700,000	28,000,000	
相続税課税対象財産	D （＝A－B＋C）	162,700,000	94,200,000	68,500,000	
基礎控除額	E	△48,000,000			
課税対象額	F （＝D－E）	114,700,000			
算出相続税額	G	17,807,500	10,310,181	7,497,319	
配偶者の軽減額	H	△8,903,750	△8,903,750		
贈与税額控除	I	△1,400,000	△1,400,000	0	
納付税額	J	7,503,700	6,400	7,497,300	
贈与税の合計額	K	9,200,000	4,000,000	5,200,000	
納付税額合計（J＋K）	L	16,703,700	4,006,400	12,697,300	

ケース②－5 に比べ、188万円少ない

〈相続税額比較〉　　　　　　　　　　　　　　　　　　　　　　　（千円）

ケース		対策なし ②－1	相続が10年後	相続が20年後
子に暦年贈与 ②－2 ②－4	相続税	28,600	26,343（△2,257）	20,568（△8,032）
	贈与税	―	―	―
	合計	28,600	26,343（△2,257）	20,568（△8,032）
子に相続時精算課税 ②－3 ②－5	相続税	28,600	23,998（△4,602）	18,588（△10,012）
	贈与税	―	―	―
	合計	28,600	23,998（△4,602）①	18,588（△10,012）②
子に暦年課税から相続時精算課税に移行 ②－8 ②－9	相続税	28,600	19,284（△9,316）	7,504（△16,296）
	贈与税	―	3,200（＋3,200）	9,200（＋9,200）
	合計	28,600	22,484（△6,116）③	16,704（△11,896）④

（※）　かっこ内は、②－1 との増減

ケース②-8、②-9は、配偶者、子に贈与する金額を310万円として、子に対しては生前加算されない期間（相続が予想される年より7年前より以前）については、暦年贈与を利用し、その後は相続時精算課税贈与の110万円の生前贈与加算されない贈与を行うパターンです。結果として、110万円ずつ贈与するケース②-4、②-5より効果が出ています。

　この結果は以下のことで検証できます。改めて、ケース②-9のFの金額を見てください。114百万円です。これは89ページの限界税率比較表で見ますと、相続税の限界税率12.5％です。ケース②-9の贈与金額は310万円で限界税率10％です。したがって、110万円の限界税率0％の贈与では効果が薄く、限界税率10％が最適であるということです。この10％を超えて、贈与すると限界税率15％になりますので、相続税の限界税率を超えるため、贈与をしない選択をすべきということになります。

　同様にケース②-8のFの金額は207百万円です。これは89ページの限界税率比較表で見ますと、相続税の限界税率17.5％です。ケース②-8の贈与金額は310万円で限界税率10％です。したがって、贈与税の限界税率15％の贈与を実行するのも一つの選択肢ではありますが、実行しても200百万円を超える7百万円部分だけのことであることと、やはり相続はいつ起きるかわからないことから、限界税率10％の適用でよいと思われます。

　しかし、表の①と②は、110万円ずつ贈与するケースで、③と④は310万円ずつ贈与するケースですが、①と③の差は1,514千円程度です。また、②と④の差も1,884千円程度です。そう考えると、贈与税を払って、様々な不確定要素がある10年、20年後の効果を狙って生前贈与を行う③と④を実行するメリットは大きくないとも考えられます。

　結論としては、配偶者に暦年贈与の110万円、子には相続時精算課税贈与の基礎控除の範囲内で110万円の贈与を実行していくのが、よいと思われます。

③ 遺産が 2 億円のケース

(1) ケース③-1　何も対策をしない場合

(単位：円)

〈相続税の試算〉			配偶者	子2人
課税財産額	A	200,000,000	150,000,000	150,000,000
基礎控除額	B	△ 48,000,000		
課税対象額	C (= A - B)	152,000,000		
算出相続税額	D	27,000,000	13,500,000	13,500,000
配偶者の軽減額	E	△ 13,500,000	△ 13,500,000	
納付税額	F (= D - E)	13,500,000	0	13,500,000

（※）　限界税率→　$(0.2+0.3)/4 = 12.5\%$

　ケース③-1の相続税の限界税率は12.5％であり、これを下回る贈与税の限界税率は10％です。しかし、相続がいつ起きるかは実際にはわからず、限界税率10％での贈与（310万円の贈与）を実行し続けると、贈与金額の累計額が遺産額を超えてしまいます。

　したがって、110万円ずつの以下のような贈与を実行し続けて、①10年後に相続が起きたケース、②20年後に相続が起きたケースの比較をみていきます。

(2) 対策をした場合

① 相続が10年後の場合

ケース③-2 10年間、暦年贈与を行った後に相続があった場合

- 子2人には、毎年110万円ずつの暦年贈与を行う。
- 配偶者には、毎年110万円ずつの暦年贈与を行う。

〈相続税試算の前提〉

・法定相続人が、配偶者、子2人のケースを想定します。
・第一次相続の分割協議は、配偶者死亡時の第二次相続のことは考慮せず、配偶者の税額軽減の適用に当たり、1億6千万円までの取得が非課税となる制度も適用せず、相続前贈与加算を加味した課税価格の1/2を配偶者が取得するようにします。

（1段は年目、2段以降は万円・ 暦＝暦年贈与、精＝相続時精算課税）

	1	2	3	4	5	6	7	8	9	10	贈与金額合計	1人当たり加算額
配偶者	暦110	暦110	暦110	暦110	暦110	暦110	暦110	暦110	暦110	暦110	1,100	110×7－100＝670
子1人当たり	暦110	暦110	暦110	暦110	暦110	暦110	暦110	暦110	暦110	暦110	1,100	110×7－100＝670

● 贈与税：ゼロ
● ▧：相続税に加算

（単位：円）

〈相続税の試算〉

			配偶者	子2人
スタート時点の財産	A	200,000,000		
贈与財産	B	33,000,000	110万円×10 11,000,000	110万円×10×2人 22,000,000
上記のうち生前加算	C	20,100,000	6,700,000	13,400,000
相続税課税対象財産	D （＝A－B ＋C）	187,100,000	93,550,000	93,550,000
基礎控除額	E	△48,000,000		
課税対象額	F （＝D－E）	139,100,000		
算出相続税額	G	23,775,000	11,887,500	11,887,500
配偶者の軽減額	H	△11,887,500	△11,887,500	
納付税額	I	11,887,500	0	11,887,500
贈与税の合計額	J	0		0
納付税額合計（I＋J）	K	11,887,500	0	11,887,500

ケース③－1 に比べ、161万円少ない

ケース③-3　10年間、子に相続時精算課税贈与を行った後に相続があった場合

- 子2人には、毎年110万円ずつの相続時精算課税贈与を行う。
- 配偶者には、毎年110万円ずつの暦年贈与を行う。

（1段は年目、2段以降は万円・　暦 = 暦年贈与、精 = 相続時精算課税）

	1	2	3	4	5	6	7	8	9	10	贈与金額合計	1人当たり加算額
配偶者	暦110	暦110	暦110	暦110	暦110	暦110	暦110	暦110	暦110	暦110	1,100	110×7－100＝670
子1人当たり	精110	精110	精110	精110	精110	精110	精110	精110	精110	精110	1,100	

● 贈与税：ゼロ

● ▨：相続税に加算

〈相続税の試算〉

（単位：円）

			配偶者	子2人
スタート時点の財産	A	200,000,000		
贈与財産	B	33,000,000	110万円×10 11,000,000	110万円×10×2人 22,000,000
上記のうち生前加算	C	6,700,000	6,700,000	0
相続税課税対象財産	D（＝A－B＋C）	173,700,000	86,850,000	86,850,000
基礎控除額	E	△48,000,000		
課税対象額	F（＝D－E）	125,700,000		
算出相続税額	G	20,425,000	10,212,500	10,212,500
配偶者の軽減額	H	△10,212,500	△10,212,500	
納付税額	I	10,212,500	0	10,212,500
贈与税の合計額	J	0	0	0
納付税額合計（I＋J）	K	10,212,500	0	10,212,500

結果

ケース③-2 に比べ、168万円少ない

② 相続が20年後の場合

ケース③-4 20年間、暦年贈与を行った後に相続があった場合

- 子2人には、毎年110万円ずつの暦年贈与を行う。
- 配偶者には、毎年110万円ずつの暦年贈与を行う。

（1段は年目、2段以降は万円・ 暦=暦年贈与、精=相続時精算課税）

	1	2	3～13	14	15	16	17	18	19	20	贈与金額合計	1人当たり加算額
配偶者	暦110	暦110	暦110	暦110	暦110	暦110	暦110	暦110	暦110	暦110	2,200	110×7－100=670
子1人当たり	暦110	暦110	暦110	暦110	暦110	暦110	暦110	暦110	暦110	暦110	2,200	110×7－100=670

● 贈与税：ゼロ
● ▢：相続税に加算

（単位：円）

〈相続税の試算〉

			配偶者	子2人
スタート時点の財産	A	200,000,000		
贈与財産	B	66,000,000	110万円×20 22,000,000	110万円×20×2人 44,000,000
上記のうち生前加算	C	20,100,000	6,700,000	13,400,000
相続税課税対象財産	D(=A－B+C)	154,100,000	77,050,000	77,050,000
基礎控除額	E	△48,000,000		
課税対象額	F(=D－E)	106,100,000		
算出相続税額	G	15,872,500	7,936,250	7,936,250
配偶者の軽減額	H	△7,936,250	△7,936,250	
納付税額	I	7,936,200	0	7,936,200
贈与税の合計額	J	0	0	0
納付税額合計（I+J）	K	7,936,200	0	7,936,200

ケース③-1 に比べ、556万円少ない

ケース③-5 20年間、子に相続時精算課税贈与を行った後に相続があった場合

- 子2人には、毎年110万円ずつの相続時精算課税贈与を行う。
- 配偶者には、毎年110万円ずつの暦年贈与を行う。

（1段は年目、2段以降は万円・ 暦＝暦年贈与、精＝相続時精算課税）

	1	2	3～13	14	15	16	17	18	19	20	贈与金額合計	1人当たり加算額
配偶者	暦110	暦110	暦110	暦110	暦110	暦110	暦110	暦110	暦110	暦110	2,200	110×7－100＝670
子1人当たり	精110	精110	精110	精110	精110	精110	精110	精110	精110	精110	2,200	

● 贈与税：ゼロ
● ▭：相続税に加算

〈相続税の試算〉　　　　　　　　　　　　　　　　　　　（単位：円）

			配偶者	子2人
スタート時点の財産	A	200,000,000		
贈与財産	B	66,000,000	110万円×20 22,000,000	110万円×20×2人 44,000,000
上記のうち生前加算	C	6,700,000	6,700,000	0
相続税課税対象財産	D（＝A－B＋C）	140,700,000	70,350,000	70,350,000
基礎控除額	E	△48,000,000		
課税対象額	F（＝D－E）	92,700,000		
算出相続税額	G	13,222,500	6,611,250	6,611,250
配偶者の軽減額	H	△6,611,250	△6,611,250	
納付税額	I	6,622,200	0	6,622,200
贈与税の合計額	J	0	0	0
納付税額合計（I＋J）	K	6,622,200	0	6,622,200

結果

ケース③-4 に比べ、131万円少ない

〈相続税額比較〉 (千円)

ケース		対策なし ③-1	相続が10年後	相続が20年後
子に暦年贈与 ③-2 ③-4	相続税	13,500	11,888(△1,612)	7,936(△5,564)
子に相続時精算課税贈与 ③-3 ③-5	相続税	13,500	10,213(△3,287)	6,622(△6,878)

(※) かっこ内は、③-1 との増減

　子に暦年贈与を続けるか、相続時精算課税にするかが決まっていると、相続開始までの年数が長い方が、納税額の減少効果はあります。

　こちらも、105ページの財産が3億円のときと同じで、相続が10年後の場合でも20年後の場合でも、相続時精算課税贈与を選択したほうが納税額は少なくなっています。

④ 遺産が1億円のケース

(1) ケース④-1 何も対策をしない場合

(単位：円)

〈相続税の試算〉			配偶者	子2人
課税財産額	A	100,000,000	50,000,000	50,000,000
基礎控除額	B	△ 48,000,000		
課税対象額	C (= A − B)	52,000,000		
算出相続税額	D	6,300,000	3,150,000	3,150,000
配偶者の軽減額	E	△ 3,150,000	△ 3,150,000	
納付税額	F (= D − E)	3,150,000	0	3,150,000

（※） 限界税率→ (0.15+0.15)／4 ＝7.5％

　ケース④-1の相続税の限界税率は7.5％であり、これを下回る贈与税の限界税率は0％です。

　したがって、110万円ずつの以下のような贈与を実行し続けて、①10年後に相続が起きたケース、②20年後に相続が起きたケースの比較をみていきます。

(2) 対策をした場合

① 相続が10年後の場合

ケース④-2 10年間、暦年贈与を行った後に相続があった場合

- 子2人には、毎年110万円ずつの暦年贈与を行う。
- 配偶者には、毎年110万円ずつの暦年贈与を行う。

〈相続税試算の前提〉

・法定相続人が、配偶者、子2人のケースを想定します。
・第一次相続の分割協議は、配偶者死亡時の第二次相続のことは考慮せず、配偶者の税額軽減の適用に当たり、1億6千万円までの取得が非課税となる制度も適用せず、相続前贈与加算を加味した課税価格の1/2を配偶者が取得するようにします。

（1段は年目、2段以降は万円・ 暦=暦年贈与、精=相続時精算課税）

	1	2	3	4	5	6	7	8	9	10	贈与金額合計	1人当たり加算額
配偶者	暦110	暦110	暦110	暦110	暦110	暦110	暦110	暦110	暦110	暦110	1,100	110×7－100＝670
子1人当たり	暦110	暦110	暦110	暦110	暦110	暦110	暦110	暦110	暦110	暦110	1,100	110×7－100＝670

● 贈与税：ゼロ
● ☐：相続税に加算

〈相続税の試算〉

(単位：円)

			配偶者	子2人
スタート時点の財産	A	100,000,000		
贈与財産	B	33,000,000	110万円×10 11,000,000	110万円×10×2人 22,000,000
上記のうち生前加算	C	20,100,000	6,700,000	13,400,000
相続税課税対象財産	D (=A-B+C)	87,100,000	43,550,000	43,550,000
基礎控除額	E	△48,000,000		
課税対象額	F (=D-E)	39,100,000		
算出相続税額	G	4,387,500	2,193,750	2,193,750
配偶者の軽減額	H	△2,193,750	△2,193,750	
納付税額	I	2,193,700	0	2,193,700
贈与税の合計額	J	0		0
納付税額合計（I+J）	K	2,193,700	0	2,193,700

ケース④-1 に比べ、96万円少ない

ケース④-3　10年間、子に相続時精算課税贈与を行った後に相続があった場合

- 子2人には、毎年110万円ずつの相続時精算課税贈与を行う。
- 配偶者には、毎年110万円ずつの暦年贈与を行う。

（1段は年目、2段以降は万円・ 暦=暦年贈与、精=相続時精算課税）

	1	2	3	4	5	6	7	8	9	10	贈与金額合計	1人当たり加算額
配偶者	暦110	暦110	暦110	暦110	暦110	暦110	暦110	暦110	暦110	暦110	1,100	110×7－100=670
子1人当たり	精110	精110	精110	精110	精110	精110	精110	精110	精110	精110	1,100	

● 贈与税：ゼロ
● ▭ ：相続税に加算

（単位：円）

〈相続税の試算〉

			配偶者	子2人
スタート時点の財産	A	100,000,000		
贈与財産	B	33,000,000	110万円×10 11,000,000	110万円×10×2人 22,000,000
上記のうち生前加算	C	6,700,000	6,700,000	0
相続税課税対象財産	D（=A-B+C）	73,700,000	36,850,000	36,850,000
基礎控除額	E	△48,000,000		
課税対象額	F（=D-E）	25,700,000		
算出相続税額	G	2,712,500	1,356,250	1,356,250
配偶者の軽減額	H	△1,356,250	△1,356,250	
納付税額	I	1,356,200	0	1,356,200
贈与税の合計額	J	0	0	0
納付税額合計（I+J）	K	1,356,200	0	1,356,200

ケース④-2 に比べ、84万円少ない

ケース④－4　20年間、暦年贈与を行った後に相続があった場合

- 子2人には、毎年110万円ずつの暦年贈与を行う。
- 配偶者には、毎年110万円ずつの暦年贈与を行う。

（1段は年目、2段以降は万円・ 暦＝暦年贈与、精＝相続時精算課税）

	1	2	3〜13	14	15	16	17	18	19	20	贈与金額合計	1人当たり加算額
配偶者	暦110	暦110	暦110	暦110	暦110	暦110	暦110	暦110	暦110	暦110	2,200	110×7－100＝670
子1人当たり	暦110	暦110	暦110	暦110	暦110	暦110	暦110	暦110	暦110	暦110	2,200	110×7－100＝670

● 贈与税：ゼロ
● ▨：相続税に加算

（単位：円）

〈相続税の試算〉

			配偶者	子2人
スタート時点の財産	A	100,000,000		
贈与財産	B	66,000,000	110万円×20 22,000,000	110万円×20×2人 44,000,000
上記のうち生前加算	C	20,100,000	6,700,000	13,400,000
相続税課税対象財産	D （＝A－B＋C）	54,100,000	27,050,000	27,050,000
基礎控除額	E	△48,000,000		
課税対象額	F （＝D－E）	6,100,000		
算出相続税額	G	610,000	305,000	305,000
配偶者の軽減額	H	△305,000	△305,000	
納付税額	I	305,000	0	305,000
贈与税の合計額	J	0	0	0
納付税額合計（I＋J）	K	305,000	0	305,000

ケース④－1に比べ、285万円少ない

131

ケース④-5 20年間、子に相続時精算課税贈与を行った後に相続があった場合

- 子2人には、毎年110万円ずつの相続時精算課税贈与を行う。
- 配偶者には、毎年110万円ずつの暦年贈与を行う。

（1段は年目、2段以降は万円・ 暦＝暦年贈与、精＝相続時精算課税）

	1	2	3～13	14	15	16	17	18	19	20	贈与金額合計	1人当たり加算額
配偶者	暦110	暦110	暦110	暦110	暦110	暦110	暦110	暦110	暦110	暦110	2,200	110×7－100＝670
子1人当たり	精110	精110	精110	精110	精110	精110	精110	精110	精110	精110	2,200	110×7－100＝670

● 贈与税：ゼロ
● ▆▆▆：相続税に加算

（単位：円）

〈相続税の試算〉

			配偶者	子2人
スタート時点の財産	A	100,000,000		
贈与財産	B	66,000,000	110万円×20 22,000,000	110万円×20×2人 44,000,000
上記のうち生前加算	C	6,700,000	6,700,000	0
相続税課税対象財産	D（＝A－B＋C）	40,700,000	20,350,000	20,350,000
基礎控除額	E	△48,000,000		
課税対象額	F（＝D－E）	0		
算出相続税額	G	0	0	0
配偶者の軽減額	H	0	0	
納付税額	I	0	0	0
贈与税の合計額	J	0	0	0
納付税額合計（I＋J）	K	0	0	0

ケース④-4 に比べ、131万円少ない

〈相続税額比較〉　　　　　　　　　　　　　　　　　　　　　　（千円）

ケース		対策なし ④-1	相続が10年後	相続が20年後
子に暦年贈与 ④-2 ④-4	相続税	3,150	2,194(△956)	305(△2,845)
子に相続時精算課税 ④-3 ④-5	相続税	3,150	1,356(△1,794)	0(△3,150)

（※）　かっこ内は、④-1 との増減

　子に暦年贈与を続けるか、相続時精算課税にするかが決まっていると、相続開始までの年数が長い方が、納税額の減少効果はあります。

　こちらも、相続が10年後の場合でも20年後の場合でも、相続時精算課税贈与を選択したほうが納税額は少なくなっています。特に相続まで20年あれば相続税の基礎控除以下まで財産が減少します。

⑤ 遺産が8,000万円のケース

(1) ケース⑤-1　何も対策をしない場合

(単位：円)

〈相続税の試算〉

			配偶者	子2人
課税財産額	A	80,000,000	40,000,000	40,000,000
基礎控除額	B	△48,000,000		
課税対象額	C (=A-B)	32,000,000		
算出相続税額	D	3,500,000	1,750,000	1,750,000
配偶者の軽減額	E	△1,750,000	△1,750,000	
納付税額	F (=D-E)	1,750,000	0	1,750,000

(※)　限界税率→ (0.15+0.1)／4 ＝6.25％

　ケース⑤-1の相続税の限界税率は6.25％であり、これを下回る贈与税の限界税率は0％です。

　したがって、110万円ずつの以下のような贈与を実行し続けて、①10年後に相続が起きたケース、②20年後に相続が起きたケースの比較をみていきます。

(2) 対策をした場合

① 10年後に相続が開始した場合

ケース⑤－2 10年間、暦年贈与を行った後に相続があった場合

- 子2人には、毎年110万円ずつの暦年贈与を行う。
- 配偶者には、毎年110万円ずつの暦年贈与を行う。

〈相続税試算の前提〉

・法定相続人が、配偶者、子2人のケースを想定します。
・第一次相続の分割協議は、配偶者死亡時の第二次相続のことは考慮せず、配偶者の税額軽減の適用に当たり、1億6千万円までの取得が非課税となる制度も適用せず、相続前贈与加算を加味した課税価格の1/2を配偶者が取得するようにします。

（1段は年目、2段以降は万円・ 暦＝暦年贈与、精＝相続時精算課税）

	1	2	3	4	5	6	7	8	9	10	贈与金額合計	1人当たり加算額
配偶者	暦110	暦110	暦110	暦110	暦110	暦110	暦110	暦110	暦110	暦110	1,100	110×7－100＝670
子1人当たり	暦110	暦110	暦110	暦110	暦110	暦110	暦110	暦110	暦110	暦110	1,100	110×7－100＝670

● 贈与税：ゼロ

● ▮▮▮：相続税に加算

(単位:円)

〈相続税の試算〉

			配偶者	子2人
スタート時点の財産	A	80,000,000		
贈与財産	B	33,000,000	110万円×10 11,000,000	110万円×10×2人 22,000,000
上記のうち生前加算	C	20,100,000	6,700,000	13,400,000
相続税課税対象財産	D (=A－B ＋C)	67,100,000	33,550,000	33,550,000
基礎控除額	E	△48,000,000		
課税対象額	F (=D－E)	19,100,000		
算出相続税額	G	1,910,000	955,000	955,000
配偶者の軽減額	H	△955,000	△955,000	
納付税額	I	955,000	0	955,000
贈与税の合計額	J	0		0
納付税額合計(I＋J)	K	955,000	0	955,000

ケース⑤－1 に比べ、80万円少ない

ケース⑤-3　10年間、子に相続時精算課税贈与を行った後に相続があった場合

- 子2人には、毎年110万円ずつの相続時精算課税贈与を行う。
- 配偶者には、毎年110万円ずつの暦年贈与を行う。

（1段は年目、2段以降は万円・ 暦＝暦年贈与、精＝相続時精算課税）

	1	2	3	4	5	6	7	8	9	10	贈与金額合計	1人当たり加算額
配偶者	暦110	暦110	暦110	暦110	暦110	暦110	暦110	暦110	暦110	暦110	1,100	110×7－100＝670
子1人当たり	精110	精110	精110	精110	精110	精110	精110	精110	精110	精110	1,100	

● 贈与税：ゼロ
● ▢：相続税に加算

〈相続税の試算〉　　　　　　　　　　　　　　　　　　　　　　　（単位：円）

			配偶者	子2人
スタート時点の財産	A	80,000,000		
贈与財産	B	33,000,000	110万円×10 11,000,000	110万円×10×2人 22,000,000
上記のうち生前加算	C	6,700,000	6,700,000	0
相続税課税対象財産	D（＝A－B＋C）	53,700,000	26,850,000	26,850,000
基礎控除額	E	△48,000,000		
課税対象額	F（＝D－E）	5,700,000		
算出相続税額	G	570,000	285,000	285,000
配偶者の軽減額	H	△285,000	△285,000	
納付税額	I	285,000	0	285,000
贈与税の合計額	J	0	0	0
納付税額合計（I＋J）	K	285,000	0	285,000

ケース⑤-2に比べ、67万円少ない

② 相続開始が20年後の場合

ケース⑤-4 20年間、暦年贈与を行った後に相続があった場合

- 子2人には、毎年110万円ずつの暦年贈与を行う。
- 配偶者には、毎年110万円ずつの暦年贈与を行う。

（1段は年目、2段以降は万円・ 暦=暦年贈与、精=相続時精算課税）

	1	2	3〜13	14	15	16	17	18	19	20	贈与金額合計	1人当たり加算額
配偶者	暦110	暦110	暦110	暦110	暦110	暦110	暦110	暦110	暦110	暦110	2,200	110×7−100=670
子1人当たり	暦110	暦110	暦110	暦110	暦110	暦110	暦110	暦110	暦110	暦110	2,200	110×7−100=670

● 贈与税：ゼロ
● ▢：相続税に加算

（単位：円）

〈相続税の試算〉

			配偶者	子2人
スタート時点の財産	A	80,000,000		
贈与財産	B	66,000,000	110万円×20 22,000,000	110万円×20×2人 44,000,000
上記のうち生前加算	C	20,100,000	6,700,000	13,400,000
相続税課税対象財産	D（=A−B+C）	34,100,000	17,050,000	17,050,000
基礎控除額	E	△48,000,000		
課税対象額	F（=D−E）	△13,900,000		
算出相続税額	G	0	0	0
配偶者の軽減額	H	0	0	
納付税額	I	0	0	0
贈与税の合計額	J	0		0
納付税額合計（I+J）	K	**0**	**0**	**0**

結果

ケース⑤-1 に比べ、175万円少ない

ケース⑤-5 20年間、子に相続時精算課税贈与を行った後に相続があった場合

- 子2人には、毎年110万円ずつの相続時精算課税贈与を行う。
- 配偶者には、毎年110万円ずつの暦年贈与を行う。

（1段は年目、2段以降は万円・ 暦=暦年贈与、精=相続時精算課税）

	1	2	3〜13	14	15	16	17	18	19	20	贈与金額合計	1人当たり加算額
配偶者	暦110	暦110	暦110	暦110	暦110	暦110	暦110	暦110	暦110	暦110	2,200	110×7 − 100=670
子1人当たり	精110	精110	精110	精110	精110	精110	精110	精110	精110	精110	2,200	

● 贈与税：ゼロ
● ▨：相続税に加算

（単位：円）

〈相続税の試算〉

			配偶者	子2人
スタート時点の財産	A	100,000,000		
贈与財産	B	66,000,000	110万円×20 22,000,000	110万円×20×2人 44,000,000
上記のうち生前加算	C	6,700,000	6,700,000	0
相続税課税対象財産	D (=A−B+C)	40,700,000	20,350,000	20,350,000
基礎控除額	E	△48,000,000		
課税対象額	F (=D−E)	0		
算出相続税額	G	0	0	0
配偶者の軽減額	H	0	0	
納付税額	I	0	0	0
贈与税の合計額	J	0	0	0
納付税額合計（I+J）	K	0	0	0

結果 ケース⑤-4と同じ

〈相続税額比較〉　　　　　　　　　　　　　　　　　　　　　　（千円）

ケース		対策なし ⑤-1	相続が10年後	相続が20年後
子に暦年贈与 ⑤-2 ⑤-4	相続税	1,750	955(△795)	285(△1,465)
子に相続時精算課税 ⑤-3 ⑤-5	相続税	1,750	0(△1,750)	0(△1,750)

（※）　かっこ内は、⑤-1との増減

　子に暦年贈与を続けるか、相続時精算課税にするかが決まっていると、相続開始までの年数が長い方が、納税額の減少効果はあります。

　こちらも、相続が10年後の場合でも20年後の場合も、相続時精算課税贈与を選択したほうが納税額は少なくなっています。相続まで10年あれば相続税の基礎控除以下まで財産が減少します。

遺産が10億円のケース

(1) ケース⑥-1 　何も対策をしない場合

(単位：円)

〈相続税の試算〉			配偶者	子2人
課税財産額	A	1,000,000,000	500,000,000	500,000,000
基礎控除額	B	△ 48,000,000		
課税対象額	C (= A − B)	952,000,000		
算出相続税額	D	356,200,000	178,100,000	178,100,000
配偶者の軽減額	E	△ 178,100,000	△ 178,100,000	
納付税額	F (= D − E)	178,100,000	0	178,100,000

(※)　限界税率→ (0.5+0.45)／4 ＝23.75％

　ケース⑥-1の相続税の限界税率は23.75％であり、これを下回る贈与税の限界税率は20、15、10％とあります。しかし、相続がいつ起きるかは実際にはわからないため、限界税率10％での贈与（310万円の贈与）を実行し続けて、①10年後に相続が起きたケース、②20年後に相続が起きたケースの比較をみていきます。

　配偶者への贈与については、配偶者の贈与税控除をカバーするためには財産の1／2より若干多く財産を取得する必要があることと、第二次相続への影響を考え合わせると、110万円にとどめておく方がいいと思われるので、これ以降は配偶者へは110万円の暦年贈与を実行する前提とします。

(2) 対策をした場合

① 相続開始が10年後の場合

ケース⑥-2　10年間、暦年贈与を行った後に相続があった場合

- 子2人には、毎年310万円ずつの暦年贈与を行う。
- 配偶者には、毎年110万円ずつの暦年贈与を行う。

〈相続税試算の前提〉

・法定相続人が、配偶者、子2人のケースを想定します。
・第一次相続の分割協議は、配偶者死亡時の第二次相続のことは考慮せず、配偶者の税額軽減の適用に当たり、1億6千万円までの取得が非課税となる制度も適用せず、相続前贈与加算を加味した課税価格の1/2を配偶者が取得するようにします。

（1段は年目、2段以降は万円・ 暦=暦年贈与、精=相続時精算課税）

	1	2	3	4	5	6	7	8	9	10	贈与金額合計	1人当たり加算額
配偶者	暦110	暦110	暦110	暦110	暦110	暦110	暦110	暦110	暦110		1,100	110×7 − 100 = 670
子1人当たり	暦310	暦310	暦310	暦310	暦310	暦310	暦310	暦310	暦310	暦310	30100	310×7 − 100 = 2,070

● 贈与税

　子1人：1年20万円（=（310−110）×10%）

　配偶者：ゼロ

● ▢：相続税に加算

● 贈与税額控除

　子1人：140万円（=20万円×7年）

〈相続税の試算〉

(単位:円)

			配偶者	子2人
スタート時点の財産	A	1,000,000,000		
贈与財産	B	73,000,000	110万円×10 11,000,000	310万円×10×2人 62,000,000
上記のうち生前加算	C	48,100,000	6,700,000	41,400,000
相続税課税対象財産	D (=A-B+C)	975,100,000	487,550,000	487,550,000
基礎控除額	E	△48,000,000		
課税対象額	F (=D-E)	927,100,000		
算出相続税額	G	344,372,500	172,186,250	172,186,250
配偶者の軽減額	H	△172,186,250	△172,186,250	
贈与税額控除	I	△2,800,000	0	△2,800,000
納付税額	J	169,386,200	0	169,386,200
贈与税の合計額	K	4,000,000	0	4,000,000
納付税額合計(J+K)	L	173,386,200	0	173,386,200

ケース⑥-1 に比べ、471万円少ない

ケース⑥-3　10年間、子に相続時精算課税贈与を行った後に相続があった場合

- 子2人には、毎年310万円ずつの相続時精算課税贈与を行う。
- 配偶者には、毎年110万円ずつの暦年贈与を行う。

（1段は年目、2段以降は万円・ 暦＝暦年贈与、精＝相続時精算課税）

	1	2	3	4	5	6	7	8	9	10	贈与金額合計	1人当たり加算額
配偶者	暦110	暦110	暦110	暦110	暦110	暦110	暦110	暦110	暦110	暦110	1,100	110×7－100＝670
子1人当たり	精310 200	精310 200	精310 200	精310 200	精310 200	精310 200	精310 200	精310 200	精310 200	精310 200	3,100	2,000

● 贈与税

　　配偶者：ゼロ

　　子1人：310万円－相続時精算課税の基礎控除110万円＝200万円

　　　200万円×10年

　　　＝2,000万円＜相続時精算課税の特別控除2,500万円

　　　∴贈与税はゼロ

● ☐：相続税に加算
● 贈与税額控除：ゼロ

144

〈相続税の試算〉

(単位：円)

			配偶者	子2人
スタート時点の財産	A	1,000,000,000		
贈与財産	B	73,000,000	110万円×10 11,000,000	310万円×10×2人 62,000,000
上記のうち生前加算	C	46,700,000	6,700,000	40,000,000
相続税課税対象財産	D (＝A－B ＋C)	973,700,000	486,850,000	486,850,000
基礎控除額	E	△48,000,000		
課税対象額	F (＝D－E)	925,700,000		
算出相続税額	G	343,707,500	171,853,750	171,853,750
配偶者の軽減額	H	△171,853,750	△171,853,750	
贈与税額控除	I	0	0	0
納付税額	J	169,386,200	0	169,386,200
贈与税の合計額	K	0	0	0
納付税額合計（J＋K）	L	169,386,200	0	169,386,200

結果⬇

ケース⑥－2 に比べ、400万円少ない

② 相続開始が20年後の場合

(ケース⑥-4) 20年間、暦年贈与を行った後に相続があった場合

- 子2人には、毎年310万円ずつの暦年贈与を行う。
- 配偶者には、毎年110万円ずつの暦年贈与を行う。

（1段は年目、2段以降は万円・ ㊪=暦年贈与、精=相続時精算課税）

	1	2	3〜13	14	15	16	17	18	19	20	贈与金額合計	1人当たり加算額
配偶者	㊪110	㊪110	㊪110	㊪110	㊪110	㊪110	㊪110	㊪110	㊪110	㊪110	2,200	110×7 − 100＝670
子1人当たり	㊪310	㊪310	㊪310	㊪310	㊪310	㊪310	㊪310	㊪310	㊪310	㊪310	6,200	310×7 − 100＝2,070

● 贈与税は

　　子1人：1年20万円（＝（310−110）×10％）

　　配偶者：ゼロ

● □：相続税に加算

● 贈与税額控除

　　子1人：140万円（＝20万円×7年）

146

〈相続税の試算〉　　　　　　　　　　　　　　　　　　　　　　（単位：円）

			配偶者	子2人
スタート時点の財産	A	1,000,000,000		
贈与財産	B	146,000,000	110万円×20 22,000,000	310万円×20×2人 124,000,000
上記のうち生前加算	C	48,100,000	6,700,000	41,400,000
相続税課税対象財産	D (=A-B+C)	902,100,000	451,050,000	451,050,000
基礎控除額	E	△48,000,000		
課税対象額	F (=D-E)	854,100,000		
算出相続税額	G	309,697,500	154,848,750	154,848,750
配偶者の軽減額	H	△154,848,750	△154,848,750	
贈与税額控除	I	△2,800,000	0	△2,800,000
納付税額	J	152,048,700	0	152,048,700
贈与税の合計額	K	8,000,000	0	8,000,000
納付税額合計（J+K）	L	160,048,700	0	160,048,700

結果

ケース⑥-1 に比べ、1,805万円少ない

ケース⑥-5　20年間、子に相続時精算課税贈与を行った後に相続があった場合

- 子2人には、毎年310万円ずつの相続時精算課税贈与を行う。
- 配偶者には、毎年110万円ずつの暦年贈与を行う。

（1段は年目、2段以降は万円・ 暦=暦年贈与、精=相続時精算課税）

	1	2	3～13	14	15	16	17	18	19	20	贈与金額合計	1人当たり加算額
配偶者	暦 110	暦 110	暦 110	暦 110	暦 110	暦 110	暦 110	暦 110	暦 110	暦 110	2,200	110×7－100=670
子1人当たり	精 310 200	精 310 200	精 310 200	精 310 200	精 310 200	精 310 200	精 310 200	精 310 200	精 310 200	精 310 200	6,200	4,000

● 贈与税

　　配偶者：ゼロ

　　子1人：310万円－相続時精算課税の基礎控除110万円＝200万円

　　　　200万円×20年＝4,000万円

　　　　4,000万円－相続時精算課税の特別控除2,500万円

　　　　＝1,500万円

　　　　贈与税　1,500万円×20%＝300万円

● ☐：相続税に加算

● 贈与税額控除

　　配偶者：ゼロ

　　子1人：上記相続時精算課税贈与の贈与税300万円

〈相続税の試算〉

(単位：円)

			配偶者	子2人
スタート時点の財産	A	1,000,000,000		
贈与財産	B	146,000,000	110万円×20 22,000,000	310万円×20×2人 124,000,000
上記のうち生前加算	C	86,700,000	6,700,000	80,000,000
相続税課税対象財産	D (=A-B+C)	940,700,000	470,350,000	470,350,000
基礎控除額	E	△48,000,000		
課税対象額	F (=D-E)	892,700,000		
算出相続税額	G	328,032,500	164,016,250	164,016,250
配偶者の軽減額	H	△164,016,250	△164,016,250	
贈与税額控除	I	△6,000,000	0	△6,000,000
納付税額	J	158,016,200	0	158,016,200
贈与税の合計額	K	6,000,000	0	6,000,000
納付税額合計（J＋K）	L	164,016,200	0	164,016,200

⬇結果

ケース⑥-4 に比べ、397万円多い

〈相続税額比較〉 (千円)

ケース		対策なし ⑥-1	相続が10年後	相続が20年後
子に暦年贈与 ⑥-2 ⑥-4	相続税	178,100	169,386（△8,714）	152,048（△26,052）
	贈与税	－	4,000（＋4,000）	8,000（＋8,000）
	合計	178,100	173,386（△4,714）	160,048（△18,052）
子に相続時精算課税 ⑥-3 ⑥-5	相続税	178,100	169,386（△8,714）	158,016（△20,084）
	贈与税	－	0	6,000（＋6,000）
	合計	178,100	169,386（△8,714）	164,016（△14,084）

（※） かっこ内は、⑥-1 との増減

子に暦年贈与を続けるか、相続時精算課税にするかが決まっている場合、相続開始までの年数が長い方が、納税額の減少効果があります。

　興味深いことに、相続が10年後の場合は、相続時精算課税贈与を選択したほうが税金は少なくなっていますが、相続が20年後の場合には、暦年課税贈与の方が効果が高いことがわかりました。これは、暦年課税贈与を選択した場合に相続までが20年あると、相続前贈与加算がない期間が13年と長くなることによります。

　ここで、相続まで20年が想定されるケースに絞って考えます。上記の検証の結果、子に対しても暦年贈与を行っていくことが効果があることが分かりましたので、ケース⑥-4を見ていきます。

　ケース⑥-4のFの金額を見てください。854百万円です。これは89ページの限界税率比較表で見ますと、相続税の限界税率23.75％です。ケース⑥-4の贈与金額は310万円で限界税率10％です。贈与税の限界税率15％の贈与510万円を継続していくとどうなるかを検証します。

> **ケース⑥-6** 20年間、暦年贈与を行った後に相続があった場合

> ・ 子2人には、毎年510万円ずつの暦年贈与を行う。
> ・ 配偶者には、毎年110万円ずつの暦年贈与を行う。

（1段は年目、2段以降は万円・ 暦＝暦年贈与、精＝相続時精算課税）

	1	2	3〜13	14	15	16	17	18	19	20	贈与金額合計	1人当たり加算額
配偶者	暦110	暦110	暦110	暦110	暦110	暦110	暦110	暦110	暦110	暦110	2,200	110×7－100＝670
子1人当たり	暦510	暦510	暦510	暦510	暦510	暦510	暦510	暦510	暦510	暦510	10,200	510×7－100＝3,470

● 贈与税

　　子1人：1年50万円（＝（510－110）×15％－10）

　　配偶者：ゼロ

● ▨：相続税に加算

● 贈与税額控除

　　子1人：350万円（＝50万円×7年）

〈相続税の試算〉

(単位：円)

				配偶者	子2人
スタート時点の財産	A	1,000,000,000			
贈与財産	B	226,000,000		110万円×20 22,000,000	510万円×20×2人 204,000,000
上記のうち生前加算	C	76,100,000		6,700,000	69,400,000
相続税課税対象財産	D (＝A－B ＋C)	850,100,000		425,050,000	425,050,000
基礎控除額	E	△48,000,000			
課税対象額	F (＝D－E)	802,100,000			
算出相続税額	G	284,997,500		142,498,750	142,498,750
配偶者の軽減額	H	△142,498,750		△142,498,750	
贈与税額控除	I	△7,000,000		0	△7,000,000
納付税額	J	135,498,700		0	135,498,700
贈与税の合計額	K	20,000,000		0	20,000,000
納付税額合計（J＋K）	L	155,498,700		0	155,498,700

ケース⑥－4 に比べ、455万円少ない

ケース⑥－4と比較した場合、相続税は1,655万円減少しますが、贈与税は1,200万円増加します。差し引き、455万円少なくはなりますが、贈与税を20年間多く支払い続けるほどの効果は薄いと考えていいのではないでしょうか。結論としては、310万円のままでよいと思います。

では、孫も加えた生前贈与対策の効果はどれほどあるかを見ていきます。18歳以上の孫が4人いて、それぞれに310万円ずつの暦年贈与を行った場合の効果を見ていきます。

ケース⑥-7　20年間、暦年贈与を行った後に相続があった場合

- 子2人には、毎年310万円ずつの暦年贈与を行う。
- 配偶者には、毎年110万円ずつの暦年贈与を行う。
- 孫4人には、毎年310万円ずつの暦年贈与を行う。

（1段は年目、2段以降は万円・ 暦＝暦年贈与、精＝相続時精算課税）

	1	2	3～13	14	15	16	17	18	19	20	贈与金額合計	1人当たり加算額
配偶者	暦110	暦110	暦110	暦110	暦110	暦110	暦110	暦110	暦110	暦110	2,200	110×7－100＝670
子1人当たり	暦310	暦310	暦310	暦310	暦310	暦310	暦310	暦310	暦310	暦310	6,200	310×7－100＝2,070
孫1人当たり	暦310	暦310	暦310	暦310	暦310	暦310	暦310	暦310	暦310	暦310	6,200	

● 贈与税

　　子・孫1人：1年20万円（＝（310－110）×10％）

　　配偶者：ゼロ

● ▨：相続税に加算

● 贈与税額控除

　　子1人：140万円（＝20万円×7年）

(単位：円)

〈相続税の試算〉				配偶者	子2人	孫2人
スタート時点の財産	A		1,000,000,000			
贈与財産	B		394,000,000	110万円×20 22,000,000	310万円×20×2人 124,000,000	310万円×20×4人 248,000,000
上記のうち生前加算	C		6,700,000	6,700,000	41,400,000	0
相続税課税対象財産	D (=A-B+C)		612,700,000	306,350,000	306,350,000	
基礎控除額	E		△48,000,000			
課税対象額	F (=D-E)		564,700,000			
算出相続税額	G		172,232,500	86,116,250	86,116,250	0
配偶者の軽減額	H		△86,116,250	△86,116,250		
贈与税額控除	I		0	0	△2,800,000	
納付税額	J		83,316,200	0	83,316,200	
贈与税の合計額	K		24,000,000	0	8,000,000	16,000,000
納付税額合計（J＋K）	L		107,316,200	0	91,316,200	16,000,000

結果

ケース⑥－4 に比べ、5,273万円少ない

　検証の結果、ケース⑥－4と比較した場合、贈与税は1,600万円増加しますが、相続税は6,873万円も減少します。差し引き、5,273万円少なくなります。贈与金額を510万円に増やしたケース⑥－6と比較しても効果は絶大です。結論としては、それほど大きな金額でなくても、多くの人に暦年贈与を続けることが効果があるといえます。ここでは、孫4人を対象としましたが、子の配偶者なども候補に加えて、多くの人に分散することが効果が高いといえます。

遺産が20億円のケース

(1) ケース⑦-1　何も対策をしない場合

(単位：円)

〈相続税の試算〉			配偶者	子2人
課税財産額	A	2,000,000,000	1,000,000,000	1,000,000,000
基礎控除額	B	△48,000,000		
課税対象額	C (＝A－B)	1,952,000,000		
算出相続税額	D	868,800,000	434,400,000	434,400,000
配偶者の軽減額	E	△434,400,000	△434,400,000	
納付税額	F (＝D－E)	434,400,000	0	434,400,000

（※）　限界税率→（0.5＋0.55）／4＝26.25％

　ケース⑦-1の相続税の限界税率は26.25％であり、これを下回る贈与税の限界税率は20、15、10％とあります。しかし、相続がいつ起きるかは実際にはわからないため、限界税率15％での贈与（510万円の贈与）を実行し続けて、①10年後に相続が起きたケース、②20年後に相続が起きたケースの比較をみていきます。

　配偶者への贈与については、配偶者の贈与税控除をカバーするために、財産の1／2より若干多く財産を取得する必要があることと、第二次相続への影響を考え合わせると、110万円にとどめておく方がいいと思われるので、これ以降は配偶者へは110万円の暦年贈与を実行する前提とします。

(2) 対策をした場合

① 相続開始が10年後の場合

(ケース①-2) 10年間、暦年贈与を行った後に相続があった場合

- 子2人には、毎年510万円ずつの暦年贈与を行う。
- 配偶者には、毎年110万円ずつの暦年贈与を行う。

〈相続税試算の前提〉

・法定相続人が、配偶者、子2人のケースを想定します。
・第一次相続の分割協議は、配偶者死亡時の第二次相続のことは考慮せず、配偶者の税額軽減の適用に当たり、1億6千万円までの取得が非課税となる制度も適用せず、相続前贈与加算を加味した課税価格の1/2を配偶者が取得するようにします。

（1段は年目、2段以降は万円・ 暦=暦年贈与、精=相続時精算課税）

	1	2	3	4	5	6	7	8	9	10	贈与金額合計	1人当たり加算額
配偶者	暦110	暦110	暦110	暦110	暦110	暦110	暦110	暦110	暦110		1,100	110×7 − 100 = 670
子1人当たり	暦510	暦510	暦510	暦510	暦510	暦510	暦510	暦510	暦510	暦510	5,100	510×7 − 100 = 3,470

● 贈与税

　子1人：1年50万円（=（510−110）×15% − 10）

　配偶者：ゼロ

● ☐：相続税に加算

● 贈与税額控除

　子1人：350万円（=50万円×7年）

〈相続税の試算〉

(単位：円)

			配偶者	子2人
スタート時点の財産	A	2,000,000,000		
贈与財産	B	113,000,000	110万円×10 11,000,000	510万円×10×2人 102,000,000
上記のうち生前加算	C	76,100,000	6,700,000	69,400,000
相続税課税対象財産	D (＝A－B ＋C)	1,963,100,000	981,550,000	981,550,000
基礎控除額	E	△48,000,000		
課税対象額	F (＝D－E)	1,915,100,000		
算出相続税額	G	849,427,500	424,713,750	424,713,750
配偶者の軽減額	H	△424,713,750	△424,713,750	
贈与税額控除	I	△3,500,000		△3,500,000
納付税額	J	421,213,700		421,213,700
贈与税の合計額	K	10,000,000	0	10,000,000
納付税額合計（J＋K）	L	431,213,700	0	431,213,700

結果↓

ケース⑦－1 に比べ、319万円少ない

(ケース①-3) 10年間、子に相続時精算課税贈与を行った後に相続があった場合

- 子2人には、毎年510万円ずつの相続時精算課税贈与を行う。
- 配偶者には、毎年110万円ずつの暦年贈与を行う。

（1段は年目、2段以降は万円・ 暦=暦年贈与、精=相続時精算課税）

	1	2	3	4	5	6	7	8	9	10	贈与金額合計	1人当たり加算額
配偶者	暦 110	暦 110	暦 110	暦 110	暦 110	暦 110	暦 110	暦 110	暦 110	暦 110	1,100	110×7－100＝670
子1人当たり	精 510 400	精 510 400	精 510 400	精 510 400	精 510 400	精 510 400	精 510 400	精 510 400	精 510 400	精 510 400	5,100	4,000

● 贈与税

　　配偶者：ゼロ

　　子1人：510万円－相続時精算課税の基礎控除110万円＝400万円

　　　　　400万円×10年＝4,000万円、

　　　　　4,000万円－相続時精算課税の特別控除2,500万円＝1,500万円

　　　　　贈与税　1,500万円×20％＝300万円

● ▭：相続税に加算

● 贈与税額控除

　　子1人：300万円

〈相続税の試算〉

(単位:円)

			配偶者	子2人
スタート時点の財産	A	2,000,000,000		
贈与財産	B	113,000,000	110万円×10 11,000,000	510万円×10×2人 102,000,000
上記のうち生前加算	C	86,700,000	6,700,000	80,000,000
相続税課税対象財産	D (=A−B+C)	1,973,700,000	986,850,000	986,850,000
基礎控除額	E	△48,000,000		
課税対象額	F (=D−E)	1,925,700,000		
算出相続税額	G	854,992,500	427,496,250	427,496,250
配偶者の軽減額	H	△427,496,250	△427,496,250	
贈与税額控除	I	△6,000,000		△6,000,000
納付税額	J	421,496,200		421,496,200
贈与税の合計額	K	6,000,000		6,000,000
納付税額合計(J+K)	L	427,496,200	0	427,496,200

結果

ケース−2に比べ、372万円少ない

② 相続開始が20年後の場合

(ケース①-4) 20年間、暦年贈与を行った後に相続があった場合

- 子2人には、毎年510万円ずつの暦年贈与を行う。
- 配偶者には、毎年110万円ずつの暦年贈与を行う。

（1段は年目、2段以降は万円・ 暦=暦年贈与、精=相続時精算課税）

	1	2	3〜13	14	15	16	17	18	19	20	贈与金額合計	1人当たり加算額
配偶者	暦110	暦110	暦110	暦110	暦110	暦110	暦110	暦110	暦110	暦110	2,200	110×7−100=670
子1人当たり	暦510	暦510	暦510	暦510	暦510	暦510	暦510	暦510	暦510	暦510	10,200	510×7−100=3,470

● 贈与税

　　子1人：1年50万円（=（510−110）×15%−10）

　　配偶者：ゼロ

● ▨：相続税に加算

● 贈与税額控除

　　子1人：350万円（=50万円×7年）

〈相続税の試算〉

(単位：円)

			配偶者	子2人
スタート時点の財産	A	2,000,000,000		
贈与財産	B	226,000,000	110万円×20 22,000,000	510万円×20×2人 204,000,000
上記のうち生前加算	C	76,100,000	6,700,000	69,400,000
相続税課税対象財産	D (＝A－B＋C)	1,850,100,000	925,050,000	925,050,000
基礎控除額	E	△48,000,000		
課税対象額	F (＝D－E)	1,802,100,000		
算出相続税額	G	790,102,500	395,051,250	395,051,250
配偶者の軽減額	H	△395,051,250	△395,051,250	
贈与税額控除	I	△7,000,000		△7,000,000
納付税額	J	388,051,200		388,051,200
贈与税の合計額	K	20,000,000		20,000,000
納付税額合計（J＋K）	L	408,051,200	0	408,051,200

結果 ⬇

ケース－1 に比べ、2,635万円少ない

（ケース①-5）　20年間、子に相続時精算課税贈与を行った後に相続があった場合

- 子2人には、毎年510万円ずつの相続時精算課税贈与を行う。
- 配偶者には、毎年110万円ずつの暦年贈与を行う。

（1段は年目、2段以降は万円・ 暦=暦年贈与、精=相続時精算課税）

	1	2	3〜13	14	15	16	17	18	19	20	贈与金額合計	1人当たり加算額
配偶者	暦 110	暦 110	暦 110	暦 110	暦 110	暦 110	暦 110	暦 110	暦 110	暦 110	2,200	110×7－100＝670
子1人当たり	精 510 400	精 510 400	精 510 400	精 510 400	精 510 400	精 510 400	精 510 400	精 510 400	精 510 400	精 510 400	10,200	8,000

● 贈与税

　　配偶者：ゼロ

　　子1人：510万円－相続時精算課税の基礎控除110万円

　　　　　＝400万円

　　　　　400万円×20年

　　　　　＝8,000万円、8,000万円－相続時精算課税の特別控除2,500万円

　　　　　＝5,500万円

　　　　　贈与税　5,500万円×20％＝1,100万円

● ☐：相続税に加算

● 贈与税額控除

　　子1人：1,100万円

〈相続税の試算〉　　　　　　　　　　　　　　　　　　　　　　　　（単位：円）

			配偶者	子2人
スタート時点の財産	A	2,000,000,000		
贈与財産	B	146,000,000	110万円×20 22,000,000	510万円×20×2人 124,000,000
上記のうち生前加算	C	86,700,000	6,700,000	80,000,000
相続税課税対象財産	D （＝A－B＋C）	1,940,700,000	970,350,000	970,350,000
基礎控除額	E	△48,000,000		
課税対象額	F （＝D－E）	1,892,700,000		
算出相続税額	G	837,667,500	418,833,750	418,833,750
配偶者の軽減額	H	△418,833,750	△418,833,750	
贈与税額控除	I	△11,000,000	0	△11,000,000
納付税額	J	407,833,700	(0)	407,833,700
贈与税の合計額	K	11,000,000	0	11,000,000
納付税額合計（J＋K）	L	418,833,700	△0	418,833,700

⇩ 結果

（ケース－4）に比べ、1078万円多い

〈相続税額比較〉　　　　　　　　　　　　　　　　　　　　　　　　（千円）

ケース			対策なし ⑦－1	相続が10年後	相続が20年後
子に暦年贈与 ⑦－2 ⑦－4		相続税	434,400	421,213（△13,187）	388,051（△46,349）
		贈与税	－	10,000（＋10,000）	20,000（＋20,000）
		合計	434,400	431,213（△3,187）	408,051（△26,349）
子に相続時精算課税 ⑦－3 ⑦－5		相続税	434,400	421,496（△12,904）	407,833（△26,567）
		贈与税	－	6,000（＋6,000）	11,000（＋11,000）
		合計	434,400	427,496（△6,904）	418,833（△15,567）

（※）かっこ内は、⑦－1との増減

子に暦年贈与を続けるか、相続時精算課税にするかが決まっている場合、相続開始までの年数が長い方が、納税額の減少効果はあります。

　興味深いことに、相続が10年後の場合は、相続時精算課税贈与を選択したほうが納税額は少なくなっていますが、相続が20年後の場合には、暦年課税贈与の方が効果が高いことが分かりました。これは、暦年課税贈与を選択した場合に相続までが20年あると、相続前贈与加算がない期間が13年と長くなることによります。

　ここで、相続まで20年が想定されるケースに絞って考えます。上記の検証の結果、子に対しても暦年贈与を行っていくことが効果があることが分かりましたので、ケース⑦－4を見ていきます。

　ケース⑦－4のFの金額を見てください。1,802百万円です。これは89ページの限界税率比較表で見ますと、相続税の限界税率26.25％です。ケース⑦－4の子の贈与金額は510万円で限界税率15％です。贈与税の限界税率20％の贈与710万円を継続していくとどうなるかを検証します。

ケース①-6　20年間、暦年贈与を行った後に相続があった場合

- 子2人には、毎年710万円ずつの暦年贈与を行う。
- 配偶者には、毎年110万円ずつの暦年贈与を行う。

（1段は年目、2段以降は万円・ 暦＝暦年贈与、精＝相続時精算課税）

	1	2	3～13	14	15	16	17	18	19	20	贈与金額合計	1人当たり加算額
配偶者	暦110	暦110	暦110	暦110	暦110	暦110	暦110	暦110	暦110	暦110	2,200	110×7－100＝670
子1人当たり	暦710	暦710	暦710	暦710	暦710	暦710	暦710	暦710	暦710	暦710	10,200	510×7－100＝3,470

● 贈与税

　　子1人：1年90万円（＝(710－110)×20％－30）

　　配偶者：ゼロ

● ▨：相続税に加算

● 贈与税額控除

　　子1人：630万円（＝90万円×7年）

〈相続税の試算〉

(単位：円)

				配偶者	子2人
スタート時点の財産	A	2,000,000,000			
贈与財産	B	306,000,000		110万円×20 22,000,000	710万円×20×2人 284,000,000
上記のうち生前加算	C	104,100,000		6,700,000	97,400,000
相続税課税対象財産	D (＝A－B＋C)	1,798,100,000		899,050,000	899,050,000
基礎控除額	E	△48,000,000			
課税対象額	F (＝D－E)	1,750,100,000			
算出相続税額	G	762,802,500		381,401,250	381,401,250
配偶者の軽減額	H	△381,401,250		△381,401,250	
贈与税額控除	I	△12,600,000			△12,600,000
納付税額	J	368,801,200			368,801,200
贈与税の合計額	K	36,000,000			36,000,000
納付税額合計（J＋K）	L	404,801,200		0	404,801,200

ケース⑦－4 に比べ、325万円少ない

　ケース⑦－4との比較では、相続税は1,925万円減少しますが、贈与税は1,600万円増加します。差し引き、325万円少なくはなりますが、贈与税を20年間多く支払い続けるほどの効果は期待できないと考えていいのではないでしょうか。

　さらに、贈与税の限界税率が30％となる贈与金額を1,110万円としたらどうなるかを検証してみます。

（ケース①-7）20年間、暦年贈与を行った後に相続があった場合

- 子2人には、毎年1,110万円ずつの暦年贈与を行う。
- 配偶者には、毎年110万円ずつの暦年贈与を行う。

（1段は年目、2段以降は万円・ 暦=暦年贈与、精=相続時精算課税）

	1	2	3〜13	14	15	16	17	18	19	20	贈与金額合計	1人当たり加算額
配偶者	暦110	暦110	暦110	暦110	暦110	暦110	暦110	暦110	暦110	暦110	2,200	110×7－100＝670
子1人当たり	暦1110	暦1110	暦1110	暦1110	暦1110	暦1110	暦1110	暦1110	暦1110	暦1110	22,200	510×7－100＝7,670

● 贈与税

　　子1人：1年210万円（＝（1,110－110）×30％－90）

　　配偶者：ゼロ

● ▨：相続税に加算

● 贈与税額控除

　　子1人：1,470万円（＝210万円×7年）

（単位：円）

〈相続税の試算〉

			配偶者	子2人
スタート時点の財産	A	2,000,000,000		
贈与財産	B	466,000,000	110万円×20 22,000,000	1110万円×20×2人 444,000,000
上記のうち生前加算	C	160,100,000	6,700,000	153,400,000
相続税課税対象財産	D (＝A－B＋C)	1,694,100,000	847,050,000	847,050,000
基礎控除額	E	△48,000,000		
課税対象額	F (＝D－E)	1,646,100,000		
算出相続税額	G	708,202,500	354,101,250	354,101,250
配偶者の軽減額	H	△354,101,250	△354,101,250	
贈与税額控除	I	△29,400,000		△29,400,000
納付税額	J	324,701,200		324,701,200
贈与税の合計額	K	84,000,000		84,000,000
納付税額合計（J＋K）	L	408,701,200	0	408,701,200

結果

に比べ、65万円少ない

結論としては、やはり、相続税限界税率26.25％以上の贈与税の限界税率30％の贈与をしていくと、ケース⑦－6より税負担が増えることが分かります。

したがって、この場合も贈与税の限界税率15％で510万円の贈与を選択することになります。

では、孫も加えた生前贈与対策の効果はどれほどあるかを見ていきます。18歳以上の孫が4人いて、それぞれに510万円ずつの暦年贈与を行った場合の効果を見ていきます。

(ケース①-8) 20年間、暦年贈与を行った後に相続があった場合

- 子2人には、毎年510万円ずつの暦年贈与を行う。
- 配偶者には、毎年110万円ずつの暦年贈与を行う。
- 孫4人には、毎年510万円ずつの暦年贈与を行う。

（1段は年目、2段以降は万円・ 暦＝暦年贈与、精＝相続時精算課税）

	1	2	3～13	14	15	16	17	18	19	20	贈与金額合計	1人当たり加算額
配偶者	暦110	暦110	暦110	暦110	暦110	暦110	暦110	暦110	暦110	暦110	2,200	110×7－100＝670
子1人当たり	暦510	暦510	暦510	暦510	暦510	暦510	暦510	暦510	暦510	暦510	10,200	310×7－100＝3,470
孫1人当たり	暦510	暦510	暦510	暦510	暦510	暦510	暦510	暦510	暦510	暦510	10,200	

● 贈与税

　子・孫1人：1年50万円（＝（510－110）×15％－10）

　配偶者：ゼロ

● ▅▅▅：相続税に加算

● 贈与税額控除

　子1人：350万円（＝50万円×7年）

(単位：円)

〈相続税の試算〉

			配偶者	子2人	孫2人
スタート時点の財産	A	2,000,000,000			
贈与財産	B	634,000,000	110万円×20 22,000,000	510万円×20×2人 204,000,000	510万円×20×4人 408,000,000
上記のうち生前加算	C	6,700,000	6,700,000	69,400,000	0
相続税課税対象財産	D (=A-B+C)	1,372,700,000	686,350,000	686,350,000	
基礎控除額	E	△48,000,000			
課税対象額	F (=D-E)	1,324,700,000			
算出相続税額	G	539,467,500	269,733,750	269,733,750	0
配偶者の軽減額	H	△269,733,750	△269,733,750		
贈与税額控除	I	0	0	△7,000,000	
納付税額	J	262,733,700	0	262,733,700	
贈与税の合計額	K	60,000,000	0	20,000,000	40,000,000
納付税額合計（J＋K）	L	322,733,700	0	282,733,700	40,000,000

結果 ⬇

ケース－4に比べ、8,532万円少ない

　検証の結果、ケース⑦－4と比較しますと、贈与税は4,000万円増加しますが、相続税は1億2,532万円も減少します。差し引き、8,532万円少なくなります。贈与金額を710万円に増やしたケース⑦－6と比較しても効果は絶大です。結論としては、それほど大きな金額でなくても、多くの人に暦年贈与を続けることが効果があるといえます。ここでは、孫4人を対象としましたが、子の配偶者なども候補に加えて、多くの人に分散することが効果が高いといえます。

4　第二次相続まで加味した場合（財産が20億円のケース）

　財産が20億円のケースにおいて、配偶者へは110万円の暦年贈与をし続けながら、ケース⑦-6では子に710万円の暦年贈与を行い、ケース⑦-7では子に1,110万円の暦年贈与を行い、ケース⑦-8では子・孫に510万円ずつの暦年贈与を検証してみました。子だけに贈与をする場合には、710万円の贈与の方が効果がありました。しかし、それよりも孫まで加えたほうが、効果が大きいこともわかりました。

　では、第二次相続までを考慮に入れた場合は、どうなるかを見ていきます。

ケース①-6の2 20年間、暦年贈与を行った後に相続があった場合の相続税と第二次相続税

- 子2人には、毎年710万円ずつの暦年贈与を行う。
- 配偶者には、毎年110万円ずつの暦年贈与を行う。

（単位：円）

〈**ケース①-6** の相続税の試算（再掲）〉

			配偶者	子2人
スタート時点の財産	A	2,000,000,000		
贈与財産	B	306,000,000	110万円×20 22,000,000	710万円×20×2人 284,000,000
上記のうち生前加算	C	104,100,000	6,700,000	97,400,000
相続税課税対象財産	D (=A－B＋C)	1,798,100,000	899,050,000	899,050,000
基礎控除額	E	△48,000,000		
課税対象額	F (=D－E)	1,750,100,000		
算出相続税額	G	762,802,500	381,401,250	381,401,250
配偶者の軽減額	H	△381,401,250	△381,401,250	
贈与税額控除	I	△12,600,000		△12,600,000
納付税額	J	368,801,200		368,801,200
贈与税の合計額	K	36,000,000		36,000,000
納付税額合計（I＋J）	L	404,801,200	0	404,801,200

（単位：円）

〈第二次相続〉

			長男	二男
相続税課税対象財産	配偶者のB＋D	921,050,000	460,525,000	460,525,000
基礎控除額		△42,000,000		
課税対象額		879,050,000		
算出相続税額		355,525,000	177,762,500	177,762,500
納付税額	M	355,525,000	177,762,500	177,762,500

●第一次、第二次相続合計（L＋M）　760,326,200円

ケース⑦-7の2 20年間、暦年贈与を行った後に相続があった場合の相続税と第二次相続

- 子2人には、毎年1,110万円ずつの暦年贈与を行う。
- 配偶者には、毎年110万円ずつの暦年贈与を行う。

(単位:円)

〈ケース⑦-7 の相続税の試算(再掲)〉			配偶者	子2人
スタート時点の財産	A	2,000,000,000		
贈与財産	B	466,000,000	110万円×20 22,000,000	1110万円×20×2人 444,000,000
上記のうち生前加算	C	160,100,000	6,700,000	153,400,000
相続税課税対象財産	D (=A-B+C)	1,694,100,000	847,050,000	847,050,000
基礎控除額	E	△48,000,000		
課税対象額	F (=D-E)	1,646,100,000		
算出相続税額	G	708,202,500	354,101,250	354,101,250
配偶者の軽減額	H	(354,101,250)	△354,101,250	
贈与税額控除	I	(29,400,000)		△29,400,000
納付税額	J	324,701,200		324,701,200
贈与税の合計額	K	84,000,000		84,000,000
納付税額合計(J+K)	L	408,701,200	0	408,701,200

(単位:円)

〈第二次相続〉			長男	二男
相続税課税対象財産	配偶者のB+D	869,050,000	434,525,000	434,525,000
基礎控除額		△42,000,000		
課税対象額		827,050,000		
算出相続税額		329,525,000	164,762,500	164,762,500
納付税額	M	329,525,000	164,762,500	164,762,500

第一次、第二次相続合計(L+M) 738,226,200円

ケース⑦-6の2 に比べ、2,210万円少ない

ケース⑦-6と⑦-7を比較してみると、第一次相続では、ケース⑦-6の方が3,900千円ほど税額が少ないですが、第二次相続まで加味すると、ケース⑦-7の2の方が22,100千円も税額が少なくなります。これは、ケース⑦-7の方が生前に子に贈与する金額が大きいので、配偶者に第一次相続で分割する財産が少なくなるからになります。

ケース①-8の2 20年間、暦年贈与を行った後に相続があった場合の相続税と第二次相続

- 子2人には、毎年510万円ずつの暦年贈与を行う。
- 配偶者には、毎年110万円ずつの暦年贈与を行う。
- 孫4人には、毎年510万円ずつの暦年贈与を行う。

（単位：円）

〈ケース①-8 の相続税の試算〉

項目	記号	金額	配偶者	子2人	孫2人
スタート時点の財産	A	2,000,000,000			
贈与財産	B	634,000,000	110万円×20 22,000,000	510万円×20×2人 204,000,000	510万円×20×4人 408,000,000
上記のうち生前加算	C	6,700,000	6,700,000	69,400,000	0
相続税課税対象財産	D (=A-B+C)	1,372,700,000	686,350,000	686,350,000	
基礎控除額	E	△48,000,000			
課税対象額	F (=D-E)	1,324,700,000			
算出相続税額	G	539,467,500	269,733,750	269,733,750	0
配偶者の軽減額	H	△269,733,750	△269,733,750		
贈与税額控除	I	0	0	△7,000,000	
納付税額	J	262,733,700	0	262,733,700	
贈与税の合計額	K	60,000,000	0	20,000,000	40,000,000
納付税額合計（J＋K）	L	322,733,700	0	282,733,700	40,000,000

(単位：円)

〈第二次相続〉			長男	二男	孫4人
相続税課税対象財産	配偶者のB+D	708,350,000	354,175,000	354,175,000	
基礎控除額		△42,000,000			
課税対象額		666,350,000			
算出相続税額		249,175,000	124,587,500	124,587,500	
納付税額	M	249,175,000	124,587,500	124,587,500	0

第一次、第二次相続合計（L+M）　571,908,700円

ケース⑦－6の2 に比べ、18,842万円少ない

　検証の結果、ケース⑦-7の2よりさらに税額負担額が大きく減少しております。

　第二次相続までを加味した相続対策は、先ほどと同じになりますが、それほど大きな金額でなくても、多くの人に暦年贈与を続けることが効果があるといえます。

5　配偶者なしの場合

法定相続人が子2人・遺産10億円のケース

(1) ケース①－1　何も対策をしない場合

〈相続税の試算〉

（単位：円）

			長男	二男
課税財産額	A	1,000,000,000	500,000,000	500,000,000
基礎控除額	B	△ 42,000,000		
課税対象額	C (= A－B)	958,000,000		
納付税額	D	395,000,000	197,500,000	197,500,000

（※）　限界税率→50％

〈配偶者がおらず子2人が相続人であるときの相続税の限界税率の求め方〉

相続税			贈与税
課税対象額① (基礎控除後)	計算過程①×	税率	限界税率
12億円超	1/2＝6億円超	55％	⇐　55％
12億円以下、6億円超	1/2＝3億円超	50％	⇐　50％
6億円以下、4億円超	1/2＝2億円超	45％	⇐　45％
4億円以下、2億円超	1/2＝1億円超	40％	⇐　40％
2億円以下、1億円超	1/2＝0.5億円超	30％	⇐　30％
1億円以下、0.6億円超	1/2＝0.3億円超	20％	⇐　20％
0.6億円以下、0.2億円超	1/2＝0.1億円超	15％	⇐　15％
0.2億円以下	1/2＝0.1億円以下	10％	⇐　10％

　ケース①－1の相続税の限界税率は50％であり、これを下回る贈与税の限界税率は45％以下となります。しかし、相続がいつ起きるかは実際にはわからず、配偶者ありの場合は限界税率10％での贈与（310万円の贈与）が効果的と結論付けましたので、同額の贈与を実行し続けて、①10年後に相続が起きたケース、②20年後に相続が起きたケースの比較をみていきます。

(2) 対策をした場合

ケース①-2 10年間、暦年贈与を行った後に相続があった場合

> ・ 子2人には、毎年310万円ずつの暦年贈与を行う。

〈相続税試算の前提〉

> ・ 法定相続人が、子2人のケース。

（1段は年目、2段以降は万円・㊐=暦年贈与、㊥=相続時精算課税）

	1	2	3	4	5	6	7	8	9	10	贈与金額合計	1人当たり加算額
子1人当たり	㊐310	㊐310	㊐310	㊐310	㊐310	㊐310	㊐310	㊐310	㊐310	㊐310	3,100	310×7－100＝2,070

● 贈与税：子1人1年20万円（＝（310－110）×10％）

● ▢：相続税に加算

● 贈与税額控除：子1人140万円（＝20万円×7年）

（単位：円）

〈相続税の試算〉

			子2人
スタート時点の財産	A	1,000,000,000	
1人分の贈与額			310万円×10
贈与財産	B	62,000,000	62,000,000
上記のうち生前加算	C	41,400,000	41,400,000
相続税課税対象財産	D (＝A－B+C)	979,400,000	489,700,000
基礎控除額	E	△42,000,000	
課税対象額	F (＝D－E)	937,400,000	
算出相続税額	G	384,700,000	384,700,000
贈与税額控除	H	△2,800,000	△2,800,000
納付税額	I	381,900,000	381,900,000
贈与税の合計額	J	4,000,000	4,000,000
納付税額合計（I＋J）	K	385,900,000	385,900,000

ケース①-1 に比べ、910万円少ない

ケース①-3 10年間、子に相続時精算課税贈与を行った後に相続があった場合

● 子2人には、毎年310万円ずつの相続時精算課税贈与を行う。

（1段は年目、2段以降は万円・ 暦=暦年贈与、精=相続時精算課税）

	1	2	3	4	5	6	7	8	9	10	贈与金額合計	1人当たり加算額
子1人当たり	精 310 200	精 310 200	精 310 200	精 310 200	精 310 200	精 310 200	精 310 200	精 310 200	精 310 200	精 310 200	3,100	2,000

● 贈与税
　　子1人：310万円 − 相続時精算課税の基礎控除110万円 = 200万円
　　200万円 × 10年 = 2,000万円 < 相続時精算課税の特別控除2,500万円
　　∴贈与税はゼロ
● ▢：相続税に加算
● 贈与税額控除：ゼロ

(単位：円)

〈相続税の試算〉

			子2人
スタート時点の財産	A	1,000,000,000	
1人分の贈与額			310万円×10
贈与財産	B	62,000,000	62,000,000
上記のうち生前加算	C	40,000,000	40,000,000
相続税課税対象財産	D (=A−B+C)	978,000,000	489,000,000
基礎控除額	E	△42,000,000	
課税対象額	F (=D−E)	936,000,000	
算出相続税額	G	384,000,000	384,000,000
贈与税額控除	H	0	0
納付税額	I	384,000,000	384,000,000
贈与税の合計額	J	0	0
納付税額合計（I+J）	K	384,000,000	384,000,000

ケース①-2 に比べ、190万円少ない

ケース①-4 20年間、暦年贈与を行った後に相続があった場合

- 子2人には、毎年310万円ずつの暦年贈与を行う。

（1段は年目、2段以降は万円・ 暦=暦年贈与、精=相続時精算課税）

	1	2	3～13	14	15	16	17	18	19	20	贈与金額合計	1人当たり加算額
子1人当たり	暦310	暦310	暦310	暦310	暦310	暦310	暦310	暦310	暦310	暦310	6,200	310×7－100=2,070

● 贈与税

　　子1人：1年20万円（=（310-110）×10％）

● □：相続税に加算

● 贈与税額控除

　　子1人：140万円（=20万円×7年）

（単位：円）

〈相続税の試算〉

			子2人
スタート時点の財産	A	1,000,000,000	
1人分の贈与額			310万円×20
贈与財産	B	124,000,000	124,000,000
上記のうち生前加算	C	41,400,000	41,400,000
相続税課税対象財産	D（=A-B+C）	917,400,000	458,700,000
基礎控除額	E	△42,000,000	
課税対象額	F（=D-E）	875,400,000	
算出相続税額	G	353,700,000	353,700,000
贈与税額控除	H	△2,800,000	△2,800,000
納付税額	I	350,900,000	350,900,000
贈与税の合計額	J	8,000,000	8,000,000
納付税額合計（I+J）	K	358,900,000	358,900,000

ケース①-1に比べ、3,610万円少ない

ケース①-5 20年間、子に精算課税贈与を行った後に相続があった場合

・子2人には、毎年310万円ずつの相続時精算課税贈与を行う。

（1段は年目、2段以降は万円・ 暦=暦年贈与、精=相続時精算課税）

	1	2	3〜13	14	15	16	17	18	19	20	贈与金額合計	1人当たり加算額
子1人当たり	精 310 200	精 310 200	精 310 200	精 310 200	精 310 200	精 310 200	精 310 200	精 310 200	精 310 200	精 310 200	6,200	4,000

● 贈与税

　子1人：310万円 − 相続時精算課税の基礎控除110万円
　＝200万円

　200万円×20年＝4,000万円

　4,000万円 − 相続時精算課税の特別控除2,500万円
　＝1,500万円

　贈与税　1,500万円×20％＝300万円

● ▢：相続税に加算

● 贈与税額控除

　子1人：上記相続時精算課税贈与の贈与税　300万円

(単位:円)

〈相続税の試算〉

			子2人
スタート時点の財産	A	1,000,000,000	
1人分の贈与額			310万円×20
贈与財産	B	124,000,000	124,000,000
上記のうち生前加算	C	80,000,000	80,000,000
相続税課税対象財産	D (=A−B+C)	956,000,000	478,000,000
基礎控除額	E	△42,000,000	
課税対象額	F (=D−E)	914,000,000	
算出相続税額	G	373,000,000	373,000,000
贈与税額控除	H	△6,000,000	△6,000,000
納付税額	I	367,000,000	367,000,000
贈与税の合計額	J	6,000,000	6,000,000
納付税額合計（I + J）	K	373,000,000	373,000,000

ケース①−4に比べ、1,410万円多い

〈相続税額比較〉 (千円)

		対策なし ケース①−1	相続が10年後	相続が20年後
子に暦年贈与	相続税	395,000	381,900（△13,100）	350,900（△44,100）
	贈与税	−	4,000（+4,000）	8,000（+8,000）
	合計	395,000	385,900（△9,100）	389,900（△36,100）
子に精算課税贈与	相続税	395,000	384,000（△11,000）	367,700（△27,300）
	贈与税	−	0	6,000（+6,000）
	合計	395,000	384,000（△11,000）	373,000（△21,300）

（※）かっこ内は、ケース①−1との増減

子に暦年贈与を続けるか、相続時精算課税にするかが決まっている場合、相続開始までの年数が長い方が、納税額の減少効果はあります。

　興味深いことに、相続が10年後の場合は、相続時精算課税贈与を選択したほうが税金は少なくなっていますが、相続が20年後の場合には、暦年課税贈与の方が効果が高いことが分かりました。これは、暦年課税贈与を選択した場合に相続までが20年あると、相続前贈与加算がない期間が13年と長くなることによります。

　ここで、相続まで20年が想定されるケースに絞って考えます。上記の検証の結果、子に対しても暦年贈与を行っていくことが効果があることが分かりましたので、ケース①－4を見ていきます。

　ケース①－4のFの金額を見てください。875百万円です。これは89ページの限界税率比較表で見ると、相続税の限界税率50％です。ケース①－4の贈与金額は310万円で限界税率10％です。贈与税の限界税率15％の贈与510万円を継続していくとどうなるかを検証します。

ケース①-6　20年間、暦年贈与を行った後に相続があった場合

- 子2人には、毎年510万円ずつの暦年贈与を行う。

（1段は年目、2段以降は万円・　暦＝暦年贈与、精＝相続時精算課税）

	1	2	3～13	14	15	16	17	18	19	20	贈与金額合計	1人当たり加算額
子1人当たり	暦510	暦510	暦510	暦510	暦510	暦510	暦510	暦510	暦510	暦510	10,200	510×7－100＝3,470

● 贈与税

　　子1人：1年50万円（＝（510－110）×15％－10）

● □：相続税に加算

● 贈与税額控除

　　子1人：350万円（＝50万円×7年）

（単位：円）

〈相続税の試算〉

			子2人
スタート時点の財産	A	1,000,000,000	
1人分の贈与額			510万円×20
贈与財産	B	204,000,000	204,000,000
上記のうち生前加算	C	69,400,000	69,400,000
相続税課税対象財産	D（＝A－B＋C）	865,400,000	432,700,000
基礎控除額	E	△42,000,000	
課税対象額	F（＝D－E）	823,400,000	
算出相続税額	G	327,700,000	327,700,000
贈与税額控除	H	△7,000,000	△7,000,000
納付税額	I	320,700,000	320,700,000
贈与税の合計額	J	20,000,000	20,000,000
納付税額合計（I＋J）	K	340,700,000	340,700,000

ケース①-4に比べ、1,820万円少ない

ケース①-4と比較すると、相続税は3,020万円減少し、贈与税は1,200万円増加します。差し引き、1,820万円少なくはなります。前述の通り、孫も加えた生前贈与対策の効果が大きいのは明らかですので、ここでは、子2人にどこまで贈与したほうがいいのかを深堀してみます。

ケース①-7　20年間、暦年贈与を行った後に相続があった場合

- 子2人には、毎年710万円ずつの暦年贈与を行う。

（1段は年目、2段以降は万円・　暦 =暦年贈与、精 =相続時精算課税）

	1	2	3～13	14	15	16	17	18	19	20	贈与金額合計	1人当たり加算額
子1人当たり	暦 710	暦 710	暦 710	暦 710	暦 710	暦 710	暦 710	暦 710	暦 710	暦 710	14,200	710×7－100＝4,870

- 贈与税
  子1人：1年90万円（＝（710－110）×20％－30）
- ▨：相続税に加算
- 贈与税額控除
  子1人：630万円（＝90万円×7年）

（単位：円）

〈相続税の試算〉

			子2人
スタート時点の財産	A	1,000,000,000	
1人分の贈与額			710万円×20
贈与財産	B	284,000,000	284,000,000
上記のうち生前加算	C	97,400,000	97,400,000
相続税課税対象財産	D（＝A－B＋C）	813,400,000	406,700,000
基礎控除額	E	△42,000,000	
課税対象額	F（＝D－E）	771,400,000	
算出相続税額	G	301,700,000	301,700,000
贈与税額控除	H	△12,600,000	△12,600,000
納付税額	I	289,100,000	289,100,000
贈与税の合計額	J	36,000,000	36,000,000
納付税額合計（I＋J）	K	325,100,000	325,100,000

ケース①-6に比べ、1,560万円少ない

　ケース①-6と比較しますと、相続税・贈与税合計で、1,560万円少なくなります。さらに進めて、限界税率30％の1,110万円の贈与で効果を見ていきます。

ケース①-8 20年間、暦年贈与を行った後に相続があった場合

・ 子2人には、毎年1,110万円ずつの暦年贈与を行う。

（1段は年目、2段以降は万円・ 暦=暦年贈与、精=相続時精算課税）

	1	2	3～13	14	15	16	17	18	19	20	贈与金額合計	1人当たり加算額
子1人当たり	暦 1,110	暦 1,110	暦 1,110	暦 1,110	暦 1,110	暦 1,110	暦 1,110	暦 1,110	暦 1,110	暦 1,110	22,200	1,110×7－100＝7,670

● 贈与税
　子1人：1年210万円（＝（1110－110）×30％－90）
● ▨：相続税に加算
● 贈与税額控除
　子1人：1,470万円（＝210万円×7年）

（単位：円）

〈相続税の試算〉

		子2人	
スタート時点の財産	A	1,000,000,000	
1人分の贈与額			1110万円×20
贈与財産	B	444,000,000	444,000,000
上記のうち生前加算	C	153,400,000	153,400,000
相続税課税対象財産	D（＝A－B＋C）	709,400,000	354,700,000
基礎控除額	E	△42,000,000	
課税対象額	F（＝D－E）	667,400,000	
算出相続税額	G	249,700,000	249,700,000
贈与税額控除	H	△29,400,000	△29,400,000
納付税額	I	220,300,000	220,300,000
贈与税の合計額	J	84,000,000	84,000,000
納付税額合計（I＋J）	K	304,300,000	304,300,000

結果

ケース①-7に比べ、2,080万円少ない

　ケース①-7と比較しますと、相続税・贈与税合計で、2,080万円少なくなります。
　さらに進めて、限界税率40％の1,610万円の贈与で効果を見ていきます。

ケース①-9　20年間、暦年贈与を行った後に相続があった場合

- 子2人には、毎年1,610万円ずつの暦年贈与を行う。

（1段は年目、2段以降は万円・ 暦＝暦年贈与、精＝相続時精算課税）

	1	2	3～13	14	15	16	17	18	19	20	贈与金額合計	1人当たり加算額
子1人当たり	暦 1,610	暦 1,610	暦 1,610	暦 1,610	暦 1,610	暦 1,610	暦 1,610	暦 1,610	暦 1,610	暦 1,610	32,200	1,610×7－100＝111,170

● 贈与税

　子1人：1年410万円（＝（1,610－110）×40％－190）

● ▨：相続税に加算

● 贈与税額控除

　子1人：2,870万円（＝410万円×7年）

〈相続税の試算〉　　　　　　　　　　　　　　　　　　　　　（単位：円）

				子2人
スタート時点の財産	A		1,000,000,000	
1人分の贈与額				1610万円×20
贈与財産	B		644,000,000	644,000,000
上記のうち生前加算	C		223,400,000	223,400,000
相続税課税対象財産	D (＝A－B＋C)		579,400,000	289,700,000
基礎控除額	E		△42,000,000	
課税対象額	F (＝D－E)		537,400,000	
算出相続税額	G		187,830,000	187,830,000
贈与税額控除	H		△57,400,000	△57,400,000
納付税額	I		130,430,000	130,430,000
贈与税の合計額	J		164,000,000	164,000,000
納付税額合計（I＋J）	K		294,430,000	294,430,000

結果

ケース①-8に比べ、987万円少ない

ケース①-8と比較しますと、相続税・贈与税合計で、987万円少なくなりますが、効果はほぼ打ち止めのような感じです。財産が10億円に対して、6.4億円の贈与を行っていくというのも現実的なものではないと思います。

　したがって、配偶者がいない場合で、財産が10億円ある場合には、孫などに分散して贈与を行なえば、効果がありますが、どうしても子供だけという考えのときには、1,110万円の暦年贈与を行っていくのが効果的と考えられます。

② 財産2億円のケース

(1) ケース②-1　何も対策をしない場合

下記のように、相続税が3,340万円となり、限界税率が30％となります。

(単位：円)

〈相続税の試算〉			長男	二男
課税財産額	A	200,000,000	100,000,000	100,000,000
基礎控除額	B	△ 42,000,000		
課税対象額	C (＝A－B)	158,000,000		
算出相続税額	D	33,400,000	16,700,000	16,700,000
納付税額	F (＝D－E)	33,400,000	16,700,000	16,700,000

（※）　限界税率→30％

ケース②-1の相続税の限界税率は30％であり、これを下回る贈与税の限界税率は20％以下となります。しかし、相続がいつ起きるかは実際にはわからないため、配偶者ありの場合は限界税率10％での贈与（310万円の贈与）を実行し続けて、①10年後に相続が起きたケース、②20年後に相続が起きたケースの比較をみていきます。

(2) 対策をした場合

(ケース②-2) 10年間、暦年贈与を行った後に相続があった場合

・ 子2人には、毎年310万円ずつの暦年贈与を行う。

〈相続税試算の前提〉

・ 法定相続人が、子2人のケース。

（1段は年目、2段以降は万円・ 暦=暦年贈与、精=相続時精算課税）

	1	2	3	4	5	6	7	8	9	10	贈与金額合計	1人当たり加算額
子1人当たり	暦310	暦310	暦310	暦310	暦310	暦310	暦310	暦310	暦310	暦310	3,100	310×7 − 100 = 2,070

● 贈与税

　子1人：1年20万円（=（310−110）×10%）

● ▇：相続税に加算

● 贈与税額控除

　子1人：140万円（=20万円×7年）

(単位：円)

〈相続税の試算〉

			子2人
スタート時点の財産	A	200,000,000	
1人分の贈与額			310万円×10
贈与財産	B	62,000,000	62,000,000
上記のうち生前加算	C	41,400,000	41,400,000
相続税課税対象財産	D (=A-B+C)	179,400,000	89,700,000
基礎控除額	E	△42,000,000	
課税対象額	F (=D-E)	137,400,000	
算出相続税額	G	27,220,000	27,220,000
贈与税額控除	H	△2,800,000	△2,800,000
納付税額	I	24,420,000	24,420,000
贈与税の合計額	J	4,000,000	4,000,000
納付税額合計（I＋J）	K	28,420,000	28,420,000

ケース②-1 に比べ、498万円少ない

ケース②-3　10年間、子に相続時精算課税贈与を行った後に相続があった場合

> ・子2人には、毎年310万円ずつの相続時精算課税贈与を行う。

（1段は年目、2段以降は万円・　精＝暦年贈与、精＝相続時精算課税）

	1	2	3	4	5	6	7	8	9	10	贈与金額合計	1人当たり加算額
子1人当たり	精 310 200	精 310 200	精 310 200	精 310 200	精 310 200	精 310 200	精 310 200	精 310 200	精 310 200	精 310 200	3,100	2,000

● 贈与税

　　子1人：310万円－相続時精算課税の基礎控除110万円

　　　　＝200万円

　　200万円×10年

　　　　＝2,000万円＜相続時精算課税の特別控除2,500万円

　　∴贈与税はゼロ

● ▭：相続税に加算

● 贈与税額控除：ゼロ

(単位：円)

〈相続税の試算〉

		子2人	
スタート時点の財産	A	200,000,000	
1人分の贈与額			310万円×10
贈与財産	B	62,000,000	62,000,000
上記のうち生前加算	C	40,000,000	40,000,000
相続税課税対象財産	D (=A−B+C)	178,000,000	89,000,000
基礎控除額	E	△42,000,000	
課税対象額	F (=D−E)	136,000,000	
算出相続税額	G	26,800,000	26,800,000
贈与税額控除	H	0	0
納付税額	I	26,800,000	26,800,000
贈与税の合計額	J	0	0
納付税額合計（I＋J）	K	26,800,000	26,800,000

 結果

ケース②−2 に比べ、162万円少ない

ケース②-4 20年間、暦年贈与を行った後に相続があった場合

・子2人には、毎年310万円ずつの暦年贈与を行う。

（1段は年目、2段以降は万円・ 暦＝暦年贈与、精＝相続時精算課税）

	1	2	3～13	14	15	16	17	18	19	20	贈与金額合計	1人当たり加算額
子1人当たり	暦310	暦310	暦310	暦310	暦310	暦310	暦310	暦310	暦310	暦310	6,200	310×7－100＝2,070

● 贈与税

　子1人：1年20万円（＝（310－110）×10％）

● ■：相続税に加算

● 贈与税額控除

　子1人：140万円（＝20万円×7年）

〈相続税の試算〉

（単位：円）

			子2人
スタート時点の財産	A	200,000,000	
1人分の贈与額			310万円×20
贈与財産	B	124,000,000	124,000,000
上記のうち生前加算	C	41,400,000	41,400,000
相続税課税対象財産	D（＝A－B＋C）	117,400,000	58,700,000
基礎控除額	E	△42,000,000	
課税対象額	F（＝D－E）	75,400,000	
算出相続税額	G	11,080,000	11,080,000
贈与税額控除	H	△2,800,000	△2,800,000
納付税額	I	8,280,000	8,280,000
贈与税の合計額	J	8,000,000	8,000,000
納付税額合計（I＋J）	K	16,280,000	16,280,000

結果

ケース②-1に比べ、1,712万円少ない

(ケース②-5) 20年間、子に相続時精算課税贈与を行った後に相続があった場合

- 子2人には、毎年310万円ずつの相続時精算課税贈与を行う。

（1段は年目、2段以降は万円・ 暦＝暦年贈与、精＝相続時精算課税）

	1	2	3～13	14	15	16	17	18	19	20	贈与金額合計	1人当たり加算額
子1人当たり	精 310 200	精 310 200	精 310 200	精 310 200	精 310 200	精 310 200	精 310 200	精 310 200	精 310 200	精 310 200	6,200	4,000

● 贈与税

　子1人：310万円－相続時精算課税の基礎控除110万円

　　　　＝200万円

　200万円×20年＝4,000万円

　4,000万円－相続時精算課税の特別控除2,500万円＝1,500万円

　贈与税1,500万円×20％＝300万円

● ▢：相続税に加算

● 贈与税額控除

　子1人：上記相続時精算課税贈与の贈与税300万円

〈相続税の試算〉

(単位:円)

				子2人
スタート時点の財産	A		200,000,000	
1人分の贈与額				310万円×20
贈与財産	B		124,000,000	124,000,000
上記のうち生前加算	C		80,000,000	80,000,000
相続税課税対象財産	D (=A-B+C)		156,000,000	78,000,000
基礎控除額	E		△42,000,000	
課税対象額	F (=D-E)		114,000,000	
算出相続税額	G		20,200,000	20,200,000
贈与税額控除	H		△6,000,000	△6,000,000
納付税額	I		14,200,000	14,200,000
贈与税の合計額	J		6,000,000	6,000,000
納付税額合計(I+J)	K		20,200,000	20,200,000

⬇結果

ケース②-4 に比べ、400万円多い

〈相続税額比較〉

(千円)

ケース		対策なし ②-1	相続が10年後	相続が20年後
子に暦年贈与 ②-2 ②-4	相続税	33,400	24,420(△8,980)	8,280(△25,120)
	贈与税	-	4,000(+4,000)	8,000(+8,000)
	合計	33,400	28,420(△4,980)	16,280(△17,120)
子に相続時精算課税 ②-3 ②-5	相続税	33,400	26,800(△6,600)	14,200(△19,200)
	贈与税	-	0	6,000(+6,000)
	合計	33,400	26,800(△6,600)	20,200(△13,200)

(※) かっこ内は、②-1との増減

子に暦年贈与を続けるか、相続時精算課税にするかが決まっている場合、相続開始までの年数が長い方が、納税額の減少効果はあります。

興味深いことに、相続が10年後の場合は、相続時精算課税贈与を選択したほうが税金は少なくなっていますが、相続が20年後の場合には、暦年課税贈与の方が効果が高いことが分かりました。これは、暦年課税贈与を選択した場合に相続までが20年あると、相続前贈与加算がない期間が13年と長くなることによります。

ここで、相続まで20年が想定されるケースに絞って考えます。上記の検証の結果、子に対しても暦年贈与を行っていくことが効果があることが分かりましたので、ケース②-4を見ていきます。

ケース②-4のFの金額を見てください。75百万円です。これは89ページの限界税率比較表で見ると、相続税の限界税率20％です。ケース②-4の贈与金額は310万円で限界税率10％です。贈与税の限界税率15％の贈与510万円を継続していくとどうなるかを検証することになりますが、これを2人に20年行うと財産額の2億円を超えてしまいます。したがって、これを検討することは必要ないことなります。このケース②-4ですら、財産額2億円のところに1.2億円の贈与を行う建付けですから、贈与者の心情を考えて逆に限界税率０％の110万円の贈与をしていくことを検証してみます。

ケース②-6 20年間、暦年贈与を行った後に相続があった場合

・ 子2人には、毎年110万円ずつの暦年贈与を行う。

（1段は年目、2段以降は万円・ 暦=暦年贈与、精=相続時精算課税）

	1	2	3～13	14	15	16	17	18	19	20	贈与金額合計	1人当たり加算額
子1人当たり	暦110	暦110	暦110	暦110	暦110	暦110	暦110	暦110	暦110	暦110	2,200	110×7－100＝670

● 贈与税：ゼロ
● ■：相続税に加算
● 贈与税額控除：なし

〈相続税の試算〉

（単位：円）

			子2人
スタート時点の財産	A	200,000,000	
1人分の贈与額			110万円×20
贈与財産	B	44,000,000	44,000,000
上記のうち生前加算	C	13,400,000	13,400,000
相続税課税対象財産	D（＝A－B＋C）	169,400,000	84,700,000
基礎控除額	E	△42,000,000	
課税対象額	F（＝D－E）	127,400,000	
算出相続税額	G	24,220,000	24,220,000
贈与税額控除	H	0	0
納付税額	I	24,220,000	24,220,000
贈与税の合計額	J	0	0
納付税額合計（I＋J）	K	24,220,000	24,220,000

ケース②-4 に比べ、794万円多い

ケース②-4と比較しますと、贈与税は800万円減少しますが、相続税は1,594万円増加します。差し引き、794万円高くなります。孫も加えた生前贈与対策も可能であれば、110万円の贈与で充分ともいえると思います。

第4章 相続税・贈与税に関する民法改正の概要

1 遺留分と特別受益の関係

　共同相続人の相続分を算定する場合、通常は、被相続人が相続開始時に有した相続財産の価額に各相続人の指定相続分又は法定相続分を乗ずれば足ります。しかし、共同相続人中に被相続人からの相続分の前渡しとみられる生前贈与や遺贈を受けた者がある場合には、これらを考慮せずに相続分を計算してしまっては、この特別受益者は二重の利得を得ることになって不公平な結果を生ずることになります。そこで特別受益者は遺留分算定の基礎となる財産の価額の計算上、特別受益を相続開始時の遺産に持ち戻すべき（加算）ものとしています。

(1) 特別受益となる贈与財産

　民法第903条第1項は、共同相続人中に、被相続人から、遺贈を受け、又は婚姻若しくは養子縁組のため若しくは生計の資本として贈与を受けた者があるときは、被相続人が相続開始の時において有した財産の価額にその贈与の価額を加えたものを相続財産とみなし、法定相続分（相続分の指定がある場合は指定相続分）の中からその遺贈又は贈与の価額を控除した残額をもってその者の相続分とすると定めています。

●民法
（特別受益者の相続分）
第903条　共同相続人中に、被相続人から、遺贈を受け、又は婚姻

若しくは養子縁組のため若しくは生計の資本として贈与を受けた者があるときは、被相続人が相続開始の時において有した財産の価額にその贈与の価額を加えたものを相続財産とみなし、第900条から第902条までの規定により算定した相続分の中からその遺贈又は贈与の価額を控除した残額をもってその者の相続分とする。

2　遺贈又は贈与の価額が、相続分の価額に等しく、又はこれを超えるときは、受遺者又は受贈者は、その相続分を受けることができない。

3　被相続人が前2項の規定と異なった意思を表示したときは、その意思に従う。

4　婚姻期間が20年以上の夫婦の一方である被相続人が、他の一方に対し、その居住の用に供する建物又はその敷地について遺贈又は贈与をしたときは、当該被相続人は、その遺贈又は贈与について第1項の規定を適用しない旨の意思を表示したものと推定する。

第904条　前条に規定する贈与の価額は、受贈者の行為によって、その目的である財産が滅失し、又はその価格の増減があったときであっても、相続開始の時においてなお原状のままであるものとみなしてこれを定める。

① **特別受益の対象**

　特別受益の対象として、民法は「遺贈を受け、又は婚姻若しくは養子縁組のため若しくは生計の資本として贈与を受けた者」と定めています。

　ア　**遺贈**

　　遺贈は、その目的にかかわらず、すべて特別受益として持戻しの対象となります。

イ 贈与（生前贈与）について

贈与については、婚姻・養子縁組・生計の資本としての贈与が挙げられています。

「婚姻・養子縁組のための贈与」は、特別受益になります。

「生計の資本」とは、例えば、子に自宅となる不動産を与えたような場合、営業資金を贈与した場合、農家において農地を贈与した場合などがこれに当たり、生計の資本としての贈与については、かなり広く認められます。実際には、かなり広い意味に解されており、ある程度以上の高額の贈与は全て対象になると考えられています。

（参考） 生命保険は特別受益の対象外か

生命保険は原則として民法903条に規定する遺贈又は贈与にはあたらず、特別受益の対象にはなりません。

しかし、例外として相続人間の不公平が著しいと思われる「特別の事情」がある場合には「保険金の額」及び「遺産に対する保険金の割合」などから考慮して特別受益となると判断される場合もあります。以下の裁判例が参考になります。

イ 最高裁判決 平成16年10月29日

生命保険金は、受取人が自ら固有の権利として取得するのであり、保険契約者や被保険者から承継取得するのではなく、相続財産ではない。また、保険金は、払い込んだ保険料と等価関係に立つものではなく、民法903条1項の「遺贈」や「贈与」に係る財産には当たらない。

ただし、受取人たる相続人とその他の相続人との間に生ずる不公平が民法903条の趣旨に照らし、到底是認することができないほどに著しいものである特段の事情が存する場合には、特

別受益に準じて持戻しの対象となると解するのが相当である。

特段の事情には、保険金の額、遺産の総額に対する比率のほか、同居の有無、介護等への貢献度合などを総合勘案して判断すべきである。本件には特段の事情はないと判断された（保険金573万円で遺産は5,248万円と時価不明の土地がある。）。

ロ　東京高裁判決　平成17年10月27日

遺産1億円余のほとんど99％が生命保険であり、受取人変更時に同居していなかった事案で、特別受益に準じて持戻しが行われた。

ハ　大阪家裁審判　平成18年3月22日

保険金428万円で、遺産の6％余りで長年世話をしていた者に対して、持戻しの対象としなかった。

ニ　名古屋高裁判決　平成18年3月27日

再婚後3年半の妻に対する5,200万円の保険金で、遺産の61％を占めるものに対しても持戻しを認めた。

② **特別受益者の範囲**

特別受益者の範囲は共同相続人のうち贈与又は遺贈を受けたものとされています。

③ **特別受益者の相続分の期間制限**

特別受益者の相続分について主張できるのは、相続開始から10年間になります。

④ **持戻し免除の意思表示**

特別受益の制度は、共同相続人の間の公平を図る制度で、仮に、被相続人が相続人の一部に生前贈与や遺贈をしても、結局各相続人

の取り分は同じになるように調整するという制度です。

　しかし中には、特定の相続人に贈与や遺贈の分だけ多く遺したいという被相続人もいます。この場合は、被相続人が遺言でその旨を明確にしておくことで、被相続人の意思が尊重されるため、生前贈与や遺贈を受けた相続人は持戻しの必要がなくなります。これを「持戻し免除の意思表示」といいます。

　これは、被相続人の意思を尊重するという趣旨ですが、遺留分（民1028等）の制約は受けることになります。

　なお、婚姻期間が20年以上の夫婦で、一方が他方に住居又はその敷地を遺贈又は生前贈与したときには、持戻し免除の意思表示がなくとも、この意思表示が推定されることになります（民903④）。したがって、配偶者は、遺産分割の対象とせずにその住居を確保できます。

⑤　**特別受益の評価**

　特別受益の価額は、贈与の目的である財産が、受贈者の行為によって滅失し、又はその価格の増減があった場合でも、その目的物が相続開始時においてなお原状のままであるものとみなして定めることとされています（民904）。

　また、特別受益となる受贈財産の評価の時期については、相続開始時説が通説であり、審判実務も、これによっているようです。相続時精算課税制度を選択した者の相続税の課税価格に算入する価額は、贈与時の価額とされているため、両者の評価時点が異なるので贈与時と相続時の時価に大きく差がある時に問題になります。

⑥　**生前贈与がある場合の具体的相続分額の算出方法**

　生前贈与による特別受益がある場合については、民法第903条第

1項に、「被相続人が相続開始の時において有した財産の価額にその贈与の価額を加えたものを相続財産とみなす」と規定されています（これを「みなし相続財産」といいます。）。

要するに、生前贈与を相続財産に計算上戻すということになります。これは、あくまでも具体的相続分額を算定するに当たっての計算上のことであり、実際に贈与を受けた財産を戻さなければいけないわけではありません。例えば、不動産の生前贈与を受けて登記した場合も、登記をもとに戻さなければならないわけではないのです（このように、贈与を受けた財産を相続財産に計算上戻すことを「持戻し」といいます。）。

このみなし相続財産について、遺贈の場合と同様の計算を行っていきます。

【基本的な手順】

① 相続財産の価額に生前贈与の価額を加えて「みなし相続財産」を算出します。

② 「みなし相続財産」に各相続人の法定相続分を乗じ各相続人の法定相続分の額を出します。

③ 生前贈与を受けた相続人については法定定相続分の額から、生前贈与の額を差し引きます。

(2) 遺留分算定の基礎となる贈与財産

遺留分算定の基礎となる財産を計算する方法は次のとおりです。

＜法定相続分、遺留分＞

相続人		法定相続分	遺留分
配偶者と子	配偶者	1／2	1／4
	子	1／2	1／4
配偶者と父母	配偶者	2／3	1／3
	父母	1／3	1／6
配偶者と兄弟姉妹	配偶者	3／4	1／2
	兄弟姉妹	1／4	なし
配偶者のみ		全部	1／2
子のみ		全部	1／2
父母のみ		全部	1／3
兄弟姉妹のみ		全部	なし

① 相続開始時の相続財産

ア 原則

被相続人が相続開始時に有していた財産（積極財産）を遺留分算定の基礎とします（民1043①）。一身専属財産（民896ただし書）や祭祀財産（民897）は除かれます。

イ 遺贈

遺贈の対象となった財産も被相続人が相続開始時に有していた財産に含まれます。

② 被相続人が生前に贈与した財産

ア 相続開始前の１年間にされた贈与

相続開始前の１年間にされた贈与は、当事者の主観にかかわら

ずすべて遺留分算定の基礎となる財産に加算されます（民1044①前段）。

イ　相続人に対する贈与

相続人に対する贈与で、かつ、婚姻若しくは養子縁組のため又は生計の資本としてなされたものは、相続開始前の10年間にされた贈与が、遺留分算定の基礎となる財産に加算されます（民1044③）。

ウ　相続開始より１年前の日より前等にされた贈与

相続開始より１年前の日より前にされた贈与、又は相続人に対し、相続開始より10年より前にされた、婚姻若しくは養子縁組のため、又は生計の資本としてなされた贈与は、当事者双方が遺留分権利者に損害を加えることを知って贈与をしたものである場合には、遺留分算定の基礎となる財産に加算されます（民1044①後段）。

●改正前民法

第1029条

遺留分は、被相続人が相続開始の時において有した財産の価額にその贈与した財産の価額を加えた額から債務の全額を控除して、これを算定する。

2　省略

第1030条

贈与は、相続開始前の１年間にしたものに限り、前条の規定によりその価額を算入する。当事者双方が遺留分権利者に損害を加えることを知って贈与をしたときは、１年前の日より前にしたものについても、同様とする。

●改正後民法
（遺留分を算定するための財産の価額）
第1043条　遺留分を算定するための財産の価額は、被相続人が相続開始の時において有した財産の価額にその贈与した財産の価額を加えた額から債務の全額を控除した額とする。
2　省略
第1044条　贈与は、相続開始前の1年間にしたものに限り、前条の規定によりその価額を算入する。当事者双方が遺留分権利者に損害を加えることを知って贈与をしたときは、1年前の日より前にしたものについても、同様とする。
2　第904条の規定は、前項に規定する贈与の価額について準用する。
3　相続人に対する贈与についての第1項の規定の適用については、同項中「1年」とあるのは「10年」と、「価額」とあるのは「価額（婚姻若しくは養子縁組のため又は生計の資本として受けた贈与の価額に限る。）」とする。

●コラム●　相続開始時から10年経過後にする遺産未分割については、具体的な相続分ではなく、「法定相続分」によることとなる？

　相続開始後遺産分割がないまま長期間が経過すると、生前贈与や寄与分に関する書証等が散逸し、関係者の記憶も薄れてしまい、具体的相続分の算定が困難になり、遺産分割の支障となるおそれがありました。
　そこで、令和3年4月の民法改正により、相続開始時から10年経過後にする遺産未分割については、具体的な相続分ではなく、

「法定相続分」(又は「指定相続分」)によることとされました。令和5年4月1日から施行されており、施行日前に発生した相続も対象となります。

(1) 改正の内容
① 原則
相続開始(被相続人の死亡)時から10年を経過した後にする遺産分割は、具体的相続分ではなく、法定相続分(又は指定相続分)によることになります(民法904の3)。

② 10年経過後の法律関係
イ 分割方法は遺産分割
10年経過により分割基準は法定相続分等となりますが、分割方法は基本的に遺産分割であって、共有物分割ではありません。

【分割基準以外の遺産分割の特徴】
- ・裁判手続は家庭裁判所の管轄
- ・遺産全体の一括分割が可能
- ・遺産の種類・性質、各相続人の状況等の一切の事情を考慮して分配(民法906)
- ・配偶者居住権の設定も可能

ロ 具体的相続分による遺産分割の合意は可能
10年が経過し、法定相続分等による分割を求めることができるにもかかわらず、相続人全員が具体的相続分による遺産分割をすることに合意したケースでは、具体的相続分による遺産分割が可能です。

(2) 例外
次の①、②の場合には、引き続き具体的相続分により分割することになります。

① 10年経過前に、相続人が家庭裁判所に遺産分割請求をしたとき
② 10年の期間満了前6か月以内に、遺産分割請求をすることができないやむを得ない事由（※）が相続人にあった場合において、当該事由消滅時から6か月経過前に、当該相続人が家庭裁判所に遺産分割請求をしたとき

※ 被相続人が遭難して死亡していたが、その事実が確認できず、遺産分割請求をすることができなかったなど。

具体的相続分による分割を求める相続人に早期の遺産分割請求を促す効果が期待されます。また、具体的相続分による分割の利益を消滅させ、画一的な割合である法定相続分を基準として円滑に分割を行うことが可能になりました。

改正法の施行日前に相続が開始した場合の遺産分割の取扱い

○ 改正法の施行日前に被相続人が死亡した場合の遺産分割についても、**新法のルールを適用**（改正法附則3）
○ ただし、経過措置により、**少なくとも施行時から5年の猶予期間**を設ける。

【相続開始時から10年を経過していても、具体的相続分により分割する場合】
① 相続開始時から10年経過時又は改正法施行時から5年経過時のいずれか遅い時までに、相続人が家庭裁判所に遺産分割請求をしたとき
② 相続開始時からの10年の期間（相続開始時からの10年の期間の満了後に改正法施行時からの5年の期間が満了する場合には、改正法施行時からの5年の期間）満了前6か月以内に、遺産分割請求をすることができないやむを得ない事由が相続人にあった場合に、当該事由消滅時から6か月経過前に、当該相続人が家庭裁判所に遺産分割請求をしたとき。

(A) 施行時に相続開始から既に10年が経過しているケース‥‥施行時から5年の経過時が基準

(B) 相続開始時から10年を経過する時が施行時から5年を経過する時より先前に来るケース‥‥施行時から5年の経過時が基準

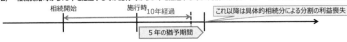

(C) 相続開始時から10年を経過する時が施行時から5年を経過する時より後に来るケース‥‥相続開始時から10年の経過時が基準

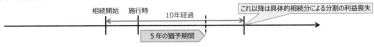

（法務省ホームページを一部改変）

2　遺留分の金銭債権化

> **（遺留分侵害額の請求）**
> 第1046条　遺留分権利者及びその承継人は、受遺者（特定財産承継遺言により財産を承継し又は相続分の指定を受けた相続人を含む。以下この章において同じ。）又は受贈者に対し、遺留分侵害額に相当する金銭の支払を請求することができる。
> 2　省略
> **（遺留分侵害額請求権の期間の制限）**
> 第1048条　遺留分侵害額の請求権は、遺留分権利者が、相続の開始及び遺留分を侵害する贈与又は遺贈があったことを知った時から１年間行使しないときは、時効によって消滅する。相続開始の時から10年を経過したときも、同様とする。

(1)　税法の規定

　上記の民法改正に伴い、遺留分に関する規定が物権的効力から金銭請求権へと変化したものの、権利行使によって生ずる担税力の増減は改正前と同様であると考えられることから、相続税に関しては改正前と同様の課税関係とし、民法における用語の改正に伴う規定の整備のみ行うこととされました（相法32①三）。

　しかし、所得税に関しては、以下のように通達が発遣され、遺留分侵害額請求は金銭債権であるので、本来なら金銭で支払うものを譲渡所得の基因となる不動産など（相続財産であるものを含みます。）で充当した場合には、これを代物弁済と考え譲渡所得の対象とされることになりました。

所得税基本通達

(遺留分侵害額の請求に基づく金銭の支払に代えて行う資産の移転)

33-1の6 民法第1046条第1項《遺留分侵害額の請求》の規定による遺留分侵害額に相当する金銭の支払請求があった場合において、金銭の支払に代えて、その債務の全部又は一部の履行として資産(当該遺留分侵害額に相当する金銭の支払請求の基因となった遺贈又は贈与により取得したものを含む。)の移転があったときは、その履行をした者は、原則として、その履行があった時においてその履行により消滅した債務の額に相当する価額により当該資産を譲渡したこととなる。

(注) 当該遺留分侵害額に相当する金銭の支払請求をした者が取得した資産の取得費については、38-7の2参照

(遺留分侵害額の請求に基づく金銭の支払に代えて移転を受けた資産の取得費)

38-7の2 民法第1046条第1項の規定による遺留分侵害額に相当する金銭の支払請求があった場合において、金銭の支払に代えて、その債務の全部又は一部の履行として資産の移転があったときは、その履行を受けた者は、原則として、その履行があった時においてその履行により消滅した債権の額に相当する価額により当該資産を取得したこととなる。

(2) 国税庁Q＆Aの改訂

① 改正前の取扱い（令和元年7月1日前に開始した相続）

> **遺留分減殺に伴う修正申告及び更正の請求における小規模宅地等の選択替えの可否**
>
> 【照会要旨】
>
> 　被相続人甲（平成31年3月10日相続開始）の相続人は、長男乙と長女丙の2名です。乙は甲の遺産のうちA宅地（特定居住用宅地等）及びB宅地（特定事業用宅地等）を遺贈により取得し、相続税の申告に当たってB宅地について小規模宅地等の特例を適用して期限内に申告しました。
>
> 　その後、丙から遺留分減殺請求がなされ、家庭裁判所の調停の結果B宅地は丙が取得することになりました。
>
> 　そこで、小規模宅地等の対象地を、乙は更正の請求においてA宅地と、丙は修正申告においてB宅地とすることができますか（限度面積要件は満たしています。）。なお、甲の遺産の内小規模宅地等の特例の対象となる宅地等は、A宅地及びB宅地のみです。
>
> 【回答要旨】
>
> 　当初申告におけるその宅地に係る小規模宅地等の特例の適用について何らかの瑕疵がない場合には、その後、その適用対象宅地の選択換えをすることは許されないこととされていますが、照会の場合は遺留分減殺請求という相続固有の後発的事由に基づいて、当初申告に係る土地を遺贈により取得できなかったものですから、更正の請求においてA宅地について同条を適用することを、いわゆる選択換えというのは相当ではありません。
>
> 　したがって、乙の小規模宅地等の対象地をA宅地とする変更は、更正の請求において添付書類等の要件を満たす限り認められると考えられます。また、当初申告において小規模宅地等の対象地を選択しなかった丙についても同様に取り扱って差し支えないと考えられます。
>
> 【関係法令通達】
>
> 　租税特別措置法第69条の4
>
> （注記）
>
> 　令和元年10月1日現在の法令・通達等に基づいて作成していま

す。

② 改正後の取扱い（令和元年7月1日以後に開始した相続）

遺留分侵害額の請求に伴い取得した宅地に係る小規模宅地等の特例の適用の可否

【照会要旨】

被相続人甲（令和元年8月1日相続開始）の相続人は、長男乙と長女丙の2名です。乙は甲の遺産のうちA宅地（特定居住用宅地等）及びB宅地（特定事業用宅地等）を遺贈により取得し、相続税の申告に当たってこれらの宅地について小規模宅地等の特例を適用して期限内に申告しました（小規模宅地等の特例の適用要件はすべて満たしています。）。

その後、丙から遺留分侵害額の請求がなされ、家庭裁判所の調停の結果、乙は丙に対し遺留分侵害額に相当する金銭を支払うこととなりましたが、乙はこれに代えてB宅地の所有権を丙に移転させました（移転は相続税の申告期限後に行われました。）。

丙は修正申告の際にB宅地について小規模宅地等の特例の適用を受けることができますか。

【回答要旨】

民法及び家事事件手続法の一部を改正する法律（平成30年法律第72号）による改正により、令和元年7月1日以後に開始した相続から適用される民法第1046条《遺留分侵害額の請求》に規定する遺留分侵害額の請求においては、改正前の遺留分減殺請求権の行使によって当然に物権的効力が生じるとされていた（遺贈又は過去の贈与が無効となり、遺贈又は贈与をされていた財産に関する権利が請求者に移転することとされていた）規定が見直され、遺留分に関する権利の行使によって遺留分侵害額に相当する金銭債権が生じることとされました。

照会の場合、遺留分侵害額の請求を受けて乙はB宅地の所有権を丙に移転していますが、これは、乙が遺留分侵害額に相当する金銭を支払うために丙に対し遺贈により取得したB宅地を譲渡（代物弁済）したものと考えられ、丙はB宅地を相続又は遺贈に

より取得したわけではありませんので、小規模宅地等の特例の適用を受けることはできません。なお、丙は、遺留分侵害額に相当する金銭を取得したものとして、相続税の修正申告をすることになります。

(注) 乙がB宅地を遺贈により取得した事実に異動は生じず、また、乙がB宅地を保有しなくなったのは相続税の申告期限後であることから、遺留分侵害額の請求を受けてB宅地の所有権を丙に移転させたとしても、乙はB宅地についての小規模宅地等の特例の適用を受けることができなくなるということはありません。なお、乙は、遺留分侵害額の請求に基づき支払うべき金銭の額が確定したことにより、これが生じたことを知った日の翌日から4月以内に、更正の請求をすることができます。

【関係法令通達】
相続税法第31条、第32条、租税特別措置法第69条の4、所得税基本通達33−1の6、
民法第1046条

（注記）
　令和3年8月1日現在の法令・通達等に基づいて作成しています。

(3) 譲渡所得についての補足解説

　乙は遺留分侵害額に相当する金銭の支払請求を受け、その金銭の支払に代えて、その債務の全部の履行として、当該遺留分侵害額に相当する金銭の支払請求の基因となった遺贈により取得した土地の移転を行ったので、その履行により消滅した債務の額に相当する価額により当該資産を譲渡したこととなります。その際に、相続税の申告期限から3年以内に譲渡した場合には、「相続税の取得費加算」の特例が適用になるものと考えます（措法39）。

　丙のB宅地の取得費は被相続人の取得費を引き継ぐことにはならず、その履行があった時においてその履行により消滅した債権の額に相当する価額により当該資産を取得したこととなります。

3 中小企業における経営の承継の円滑化に関する法律による民法の特例

中小企業の後継者が、次の3つの要件を満たすことにより、下記の遺留分に関する民法の特例が適用可能となる制度です。

(1) 遺留分に関する特例

事業承継における遺留分の問題に対処するため、経営承継円滑化法は、「遺留分に関する民法の特例」(以下「民法の特例」といいます。)を規定しています。会社又は個人事業の経営を承継する際、この民法の特例を活用すると、後継者を含めた先代経営者の推定相続人全員の合意の上で、先代経営者から後継者に贈与等された自社株式・事業用資産の価額について、以下の特例を受けることができます。

中小企業庁「事業承継を円滑に行うための遺留分に関する民法特例」より抜粋

① 生前贈与株式を遺留分算定の対象から除外する特例

①除外合意
後継者が先代経営者から贈与等によって取得した自社株式・事業用資産の価額について、他の相続人は遺留分の主張ができなくなるので、相続紛争のリスクを抑えつつ、後継者に対して集中的に株式を承継させることができます。

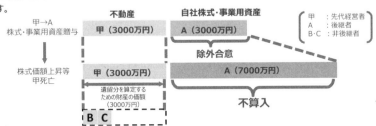

中小企業庁「事業承継を円滑に行うための遺留分に関する民法特例」より抜粋

② 遺留分算定において生前贈与株式の評価額をあらかじめ固定する特例

②固定合意 ※会社のみ利用可能

自社株式の価額が上昇しても遺留分の額に影響しないことから、後継者の経営努力により株式価値が増加しても、相続時に想定外の遺留分の主張を受けることがなくなります。

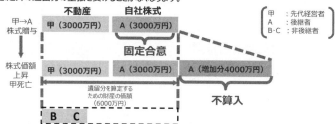

> **他にも方法はあるのですが……「遺留分の事前放棄」**
> 民法でも、遺留分を有する相続人が、被相続人の生前に自分の遺留分を放棄することによって、相続紛争や自社株式・事業用資産の分散を予め防止することができます。
> ただし、被相続人の生前に遺留分を放棄するには、各相続人が自分で家庭裁判所に申立てをして許可を受けなければならず負担が大きいこと、また、家庭裁判所による許可・不許可の判断がバラバラになる可能性があることなどから、自社株式・事業用資産の分散防止対策としては実際上は利用しにくくなっています。

中小企業庁「事業承継を円滑に行うための遺留分に関する民法特例」より抜粋

(2) 要件

① 推定相続人全員及び後継者の合意

② 経済産業大臣の確認

③ 家庭裁判所の許可

民法特例を利用するには、会社の経営の承継の場合と個人事業の経営の承継の場合の別に応じて、以下のそれぞれの要件を満たした上で、「推定相続人全員及び後継者の合意」を得て、「経済産業大臣の確認」及び「家庭裁判所の許可」を受けることが必要です。

会社の経営の承継の場合	
① 会　社	・中小企業者であること。 ・合意時点において3年以上継続して事業を行っている非上場企業であること。
② 先代経営者 （旧代表者）	・過去又は合意時点において会社の代表者であること。
③ 後継者 （会社事業後継者）	・合意時点において会社の代表者であること。 ・先代経営者からの贈与等により株式を取得したことにより、会社の議決権の過半数を保有していること。　※推定相続人以外の方も対象となります。

（1）推定相続人全員及び後継者の合意

民法特例を利用するためには、先代経営者の推定相続人全員(但し、遺留分を有する者に限る)及び後継者で合意をし、合意書を作成することが必要です。

<合意書の主な記載事項>
① 合意が後継者の経営の承継の円滑化を図ることを目的とすること。
② 後継者が先代経営者から贈与等により取得した自社株式・事業用資産の価額について、遺留分の計算から除外する旨(除外合意)、又は、遺留分の計算に算入すべき価額を固定する旨(固定合意。会社の経営の承継の場合のみ可。)
③ 後継者が代表者でなくなった場合などに、後継者以外の者がとれる措置。
④ 必要に応じ、推定相続人間の衡平を図るための措置。

中小企業庁「事業承継を円滑に行うための遺留分に関する民法特例」より抜粋

(3) 後継者の保有及び贈与株式の条件

① 合意時において、代表者であること。
② 後継者が保有する株式に係る議決権が、贈与前において過半数以下であり、贈与後において過半数を超えることになること。

(4) 手続の流れ

◎会社経営者の方

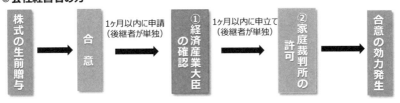

株式の生前贈与 → 合意 → 1ヶ月以内に申請（後継者が単独） → ①経済産業大臣の確認 → 1ヶ月以内に申立て（後継者が単独） → ②家庭裁判所の許可 → 合意の効力発生

中小企業庁「事業承継を円滑に行うための遺留分に関する民法特例」より抜粋

第5章 今後の課題

1ページで触れた専門家会合において、資産移転の時期の選択により中立的な税制の構築に向けて論点整理された課題の内、今回の改正で対応されていない事項の概略は次のとおりです。

1 相続税の課税方式

わが国の場合は、法定相続分課税方式の下、贈与税・相続税が別個の税体系となっているため、相続時精算課税制度は導入されているものの、諸外国のように、贈与時点において課税関係が完結する形で累積的な課税を行うことは難しくなっています。中期的に、諸外国と同様の形で累積的な課税を目指すとすれば、法定相続分課税方式を見直していくことが考えられるとの意見があり、その見直しの方向性として次の意見がありました。
◎ 遺産取得課税方式への移行が適当ではないか、さらに、贈与税・相続税の一体的・累積的に課税することが望ましいのではないかとの意見
◎ 現状及び富の社会還元の必要性を踏まえれば、遺産課税方式の考え方も重要ではないかとの意見

2 相続時精算課税関係

受贈財産について一定の要件の下での小規模宅地等の特例を検討すべきではないかとの意見がありましたが、一方で、慎重に考えるべきとの意見がありました。

3　暦年課税関係

　相続税の贈与税額控除に際し還付を可能とすることについて、加算期間を相応に長い期間とする場合には検討すべきではないかとの意見がありました。

4　住宅取得等資金の贈与を受けた場合の非課税措置、教育資金の一括贈与に係る贈与税の非課税措置、結婚・子育て資金の一括贈与に係る贈与税の非課税措置

　これらの措置は、資産の移転に対して何らの税負担も求めない制度となっており、富裕層の子弟の教育等の資金支援を促し、世代を超えた格差の固定化につながりかねない懸念があるとの意見があります。特に、教育資金や結婚・子育て資金に係る非課税措置については、制度創設当初と比べ、適用件数も大きく減少しており、これらの措置で認められている使途については、近年、公費でカバーされる部分が増加しているため、相続時精算課税制度の使い勝手の向上と併せて、廃止する方向で検討することが適当ではないかとの意見がありました。

(参考) 第23回生命表―令和4年3月2日厚生労働省発表―
(男)

年齢	平均余命	年齢	平均余命	年齢	平均余命
0	81.56	39	43.46	78	10.58
1	80.71	40	42.50	79	9.95
2	79.73	41	41.54	80	9.34
3	78.74	42	40.58	81	8.74
4	77.75	43	39.62	82	8.17
5	76.76	44	38.67	83	7.62
6	75.76	45	37.72	84	7.09
7	74.77	46	36.78	85	6.59
8	73.77	47	35.84	86	6.11
9	72.78	48	34.90	87	5.66
10	71.78	49	33.97	88	5.24
11	70.78	50	33.04	89	4.85
12	69.79	51	32.12	90	4.49
13	68.79	52	31.21	91	4.15
14	67.80	53	30.30	92	3.83
15	66.81	54	29.40	93	3.55
16	65.82	55	28.50	94	3.29
17	64.84	56	27.61	95	3.06
18	63.86	57	26.73	96	2.86
19	62.88	58	25.85	97	2.68
20	61.90	59	24.98	98	2.51
21	60.93	60	24.12	99	2.35
22	59.96	61	23.27	100	2.21
23	58.99	62	22.43	101	2.07
24	58.02	63	21.60	102	1.95
25	57.05	64	20.78	103	1.83
26	56.08	65	19.97	104	1.73
27	55.10	66	19.16	105	1.63
28	54.13	67	18.37	106	1.54
29	53.16	68	17.60	107	1.45
30	52.18	69	16.84	108	1.37
31	51.21	70	16.09	109	1.30
32	50.24	71	15.36	110	1.23
33	49.27	72	14.63	111	1.16
34	48.30	73	13.92	112	1.10
35	47.33	74	13.23	113	1.05
36	46.36	75	12.54		
37	45.40	76	11.87		
38	44.43	77	11.22		

(女)

年齢	平均余命	年齢	平均余命	年齢	平均余命
0	87.71	39	49.34	78	13.79
1	86.86	40	48.37	79	13.01
2	85.88	41	47.39	80	12.25
3	84.89	42	46.42	81	11.50
4	83.90	43	45.45	82	10.77
5	82.90	44	44.49	83	10.07
6	81.91	45	43.52	84	9.38
7	80.91	46	42.56	85	8.73
8	79.92	47	41.60	86	8.10
9	78.92	48	40.65	87	7.49
10	77.93	49	39.70	88	6.91
11	76.93	50	38.75	89	6.37
12	75.93	51	37.80	90	5.85
13	74.94	52	36.86	91	5.37
14	73.95	53	35.92	92	4.92
15	72.95	54	34.99	93	4.50
16	71.96	55	34.06	94	4.12
17	70.97	56	33.12	95	3.78
18	69.98	57	32.19	96	3.48
19	69.00	58	31.27	97	3.21
20	68.01	59	30.35	98	2.96
21	67.02	60	29.42	99	2.73
22	66.04	61	28.51	100	2.53
23	65.06	62	27.59	101	2.34
24	64.07	63	26.68	102	2.17
25	63.09	64	25.78	103	2.01
26	62.10	65	24.88	104	1.86
27	61.12	66	23.98	105	1.73
28	60.13	67	23.09	106	1.61
29	59.15	68	22.20	107	1.50
30	58.17	69	21.32	108	1.39
31	57.18	70	20.45	109	1.30
32	56.20	71	19.59	110	1.21
33	55.21	72	18.73	111	1.13
34	54.23	73	17.89	112	1.05
35	53.25	74	17.05	113	0.98
36	52.27	75	16.22	114	0.92
37	51.29	76	15.40		
38	50.31	77	14.59		

（付録）令和6年分贈与税の申告書等の（主な）様式一覧

No	書類名	左記書類の概要	頁
1	申告書第1表（兼贈与税の額の計算明細書）（令和6年分以降用）	贈与税の申告をする場合に使用します。なお、申告書第1表は、租税特別措置法第70条の2の5第4項の「計算の明細書（贈与税の額の計算に関する明細書）」を兼ねています。	224
2	贈与税（暦年課税）の税額の計算明細（特例贈与財産又は一般贈与財産のいずれか一方のみを取得した場合用）	贈与税（暦年課税）の税額を算出するために使用するものですので、**税務署に提出する必要はありません。**	226
3	贈与税（暦年課税）の税額の計算明細（特例贈与財産と一般贈与財産の両方を取得した場合用）	贈与税（暦年課税）の税額を算出するために使用するものですので、**税務署に提出する必要はありません。**	227
4	申告書第1表の2（令和6年分用）	住宅取得等資金の非課税の適用を受ける場合の非課税を受ける金額の計算に使用します。	228
5	申告書第2表（令和6年分以降用）	相続時精算課税の適用を受ける場合の相続時精算課税による税額の計算に使用します。	229
6	相続時精算課税選択届出書（令和6年分以降用）	相続時精算課税の適用を受ける場合に使用します。	230
7	相続時精算課税選択届出書付表（令和6年分以降用）	受贈者が、上記6の届出書を提出する前に死亡している場合に使用します。	231

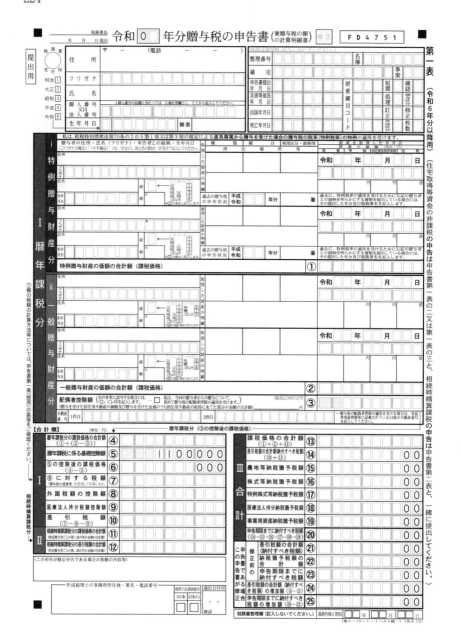

贈与税（暦年課税）の税額の計算方法等

1 特例贈与財産のみを贈与により取得した場合（申告書第一表の②欄に金額の記載がない場合）

贈与により財産を取得した人（贈与を受けた年の1月1日において18歳以上の人に限ります。）が、直系尊属（父母や祖父母など）から贈与により取得した財産（「特例贈与財産」といいます。）に係る贈与税の額は、「**特例税率**」を適用して計算します。

特例贈与財産の価額の合計額 （申告書第一表の①の金額）	Ⓐ	6,000,000円
暦年課税に係る基礎控除額	Ⓑ	1,100,000円
Ⓑの控除後の課税価格【Ⓐ－Ⓑ】	Ⓒ	4,900,000円
Ⓒに対する税額 ※ 下記の【速算表（特例贈与財産用）】 を使用して計算します。 （申告書第一表の⑦欄に転記します。）	Ⓓ	680,000円

（例）特例贈与財産6,000,000円を取得した場合

> 特例贈与財産の価額の合計額（Ⓐ）から暦年課税に係る基礎控除額（Ⓑ）を控除した課税価格（Ⓒ）に【速算表（特例贈与財産用）】を使用して税額（Ⓓ）を計算します。
>
> Ⓐ6,000,000円－Ⓑ1,100,000円＝Ⓒ4,900,000円
> Ⓒ4,900,000円×20％（特例税率）－300,000（控除額）
> ＝Ⓓ680,000円

【速算表（特例贈与財産用）】

基礎控除後の課税価格	2,000千円以下	4,000千円以下	6,000千円以下	10,000千円以下	15,000千円以下	30,000千円以下	45,000千円以下	45,000千円超
特 例 税 率	10％	15％	20％	30％	40％	45％	50％	55％
控除額（特例税率）	－	100千円	300千円	900千円	1,900千円	2,650千円	4,150千円	6,400千円

＜ご注意ください！＞ 「特例税率」の適用を受ける場合で、次の①又は②のいずれかに該当するときは、贈与税の申告書とともに、贈与により財産を取得した人の戸籍の謄本又は抄本その他の書類でその人の氏名、生年月日及びその人が贈与者の直系卑属に該当することを証する書類を提出する必要があります。ただし、過去の年分において同じ贈与者からの贈与について「特例税率」の適用を受けるために当該書類を提出している場合には、申告書第一表の「過去の贈与税の申告状況」欄に、その提出した年分及び税務署名を記入します（当該書類を重ねて提出する必要はありません。）。
① 「特例贈与財産」のみの贈与を受けた場合で、その財産の価額から基礎控除額（1,100千円）を差し引いた後の課税価格が3,000千円を超えるとき
② 「一般贈与財産」と「特例贈与財産」の両方の贈与を受けた場合で、その両方の財産の価額の合計額から基礎控除額（1,100千円）を差し引いた後の課税価格※が3,000千円を超えるとき
※ 「一般贈与財産」について配偶者控除の特例の適用を受ける場合には、配偶者控除額と基礎控除額（1,100千円）を差し引いた後の課税価格となります。

2 一般贈与財産のみを贈与により取得した場合（申告書第一表の①欄に金額の記載がない場合）

「特例税率」の適用がない財産（「一般贈与財産」といいます。）に係る贈与税の額は、「**一般税率**」を適用して計算します。

一般贈与財産の価額の合計額 （申告書第一表の②の金額）	Ⓐ	14,000,000円
配偶者控除額 （申告書第一表の③の金額）	Ⓑ	10,000,000円
暦年課税に係る基礎控除額	Ⓒ	1,100,000円
Ⓑ及びⒸの控除後の課税価格 【Ⓐ－Ⓑ－Ⓒ】	Ⓓ	2,900,000円
Ⓓに対する税額 ※ 下記の【速算表（一般贈与財産用）】 を使用して計算します。 （申告書第一表の⑦欄に転記します。）	Ⓔ	335,000円

（例）一般贈与財産14,000,000円を取得した場合
（配偶者控除10,000,000円を適用する場合）

> 一般贈与財産の価額の合計額（Ⓐ）から配偶者控除額（Ⓑ）及び暦年課税に係る基礎控除額（Ⓒ）を控除した課税価格（Ⓓ）に【速算表（一般贈与財産用）】を使用して税額（Ⓔ）を計算します。
>
> Ⓐ14,000,000円－Ⓑ10,000,000円－Ⓒ1,100,000円
> ＝Ⓓ2,900,000円
> Ⓓ2,900,000円×15％（一般税率）－100,000円（控除額）
> ＝Ⓔ335,000円

【速算表（一般贈与財産用）】

基礎控除後の課税価格	2,000千円以下	3,000千円以下	4,000千円以下	6,000千円以下	10,000千円以下	15,000千円以下	30,000千円以下	30,000千円超
一 般 税 率	10％	15％	20％	30％	40％	45％	50％	55％
控除額（一般税率）	－	100千円	250千円	650千円	1,250千円	1,750千円	2,500千円	4,000千円

3 特例贈与財産と一般贈与財産の両方を贈与により取得した場合（申告書第一表の①欄及び②欄の両方に金額の記載がある場合）

「**特例税率**」及び「**一般税率**」の両方を適用して計算します。

特例贈与財産の価額の合計額 （申告書第一表の①の金額）	Ⓐ	5,000,000円
一般贈与財産の価額の合計額 （申告書第一表の②の金額）	Ⓑ	10,000,000円
配偶者控除額 （申告書第一表の③の金額）	Ⓒ	0円
暦年課税分の課税価格の合計額【Ⓐ＋Ⓑ－Ⓒ】 （申告書第一表の④の金額）	Ⓓ	15,000,000円
暦年課税に係る基礎控除額	Ⓔ	1,100,000円
Ⓔの控除後の課税価格【Ⓓ－Ⓔ】 （申告書第一表の⑥の金額）	Ⓕ	13,900,000円
Ⓕの金額に「**特例税率**」を適用した税額 ※ 上記の【速算表（特例贈与財産用）】 を使用して計算します。	Ⓖ	3,660,000円
特例贈与財産に対応する税額 【Ⓖ×Ⓐ／Ⓓ】	Ⓗ	1,220,000円
Ⓕの金額に「**一般税率**」を適用した税額 ※ 上記の【速算表（一般贈与財産用）】 を使用して計算します。	Ⓘ	4,505,000円
一般贈与財産に対応する税額 【Ⓘ×（Ⓑ－Ⓒ）／Ⓓ】	Ⓙ	3,003,333円
税額【Ⓗ＋Ⓙ】 （申告書第一表の⑦欄に転記します。）	Ⓚ	4,223,333円

（例）特例贈与財産5,000,000円及び一般贈与財産10,000,000円を取得した場合

> 特例贈与財産の価額（Ⓐ）と一般贈与財産の価額（Ⓑ）の合計額（Ⓓ）から暦年課税に係る基礎控除額（Ⓔ）を控除した課税価格（Ⓕ）に【速算表（特例贈与財産用）】及び【速算表（一般贈与財産用）】を使用して計算した税額（Ⓖ・Ⓘ）について、それぞれ（1）及び（2）のとおり按分計算し、その合計額（Ⓚ）を計算します。
>
> （1）特例贈与財産に対応する税額（Ⓖ及びⒽ欄の計算）
> Ⓕ13,900,000円×40％（特例税率）－1,900,000円（控除額）
> ＝Ⓖ3,660,000円
> Ⓖ3,660,000円×（Ⓐ5,000,000円／Ⓓ15,000,000円）
> ＝Ⓗ1,220,000円 （注）1円未満の端数があるときは、その端数金額を切り捨てます。
>
> （2）一般贈与財産に対応する税額（Ⓘ及びⒿ欄の計算）
> Ⓕ13,900,000円×45％（一般税率）－1,750,000円（控除額）
> ＝Ⓘ4,505,000円
> Ⓘ4,505,000円×｛（Ⓑ10,000,000円－Ⓒ0円）／Ⓓ15,000,000円｝
> ＝Ⓙ3,003,333円 （注）1円未満の端数があるときは、その端数金額を切り捨てます。
>
> （3）贈与税額の計算（Ⓚ欄の計算）
> Ⓗ1,220,000円＋Ⓙ3,003,333円＝Ⓚ4,223,333円

贈与税（暦年課税）の税額の計算明細

（注）この計算明細は、贈与税（暦年課税）の税額を算出するために使用するものですので、税務署に提出する必要はありません。

国税庁ホームページの「確定申告書等作成コーナー」では、贈与税の申告書が作成できます。画面の案内に沿って金額等を入力すれば、贈与税額などが自動で計算されますので、ご利用ください。

令和6年分以降用（特例贈与財産又は一般贈与財産のいずれか一方のみを取得した場合用）

● 特例贈与財産のみを贈与により取得した場合（申告書第一表の②欄に金額の記載がない場合）

贈与により財産を取得した人（贈与を受けた年の1月1日において18歳以上の人に限ります。）が、直系尊属（父母や祖父母など）から贈与により取得した財産（「特例贈与財産」といいます。）に係る贈与税の額は、「特例税率」を適用して計算します。

特例贈与財産の価額の合計額（申告書第一表の①の金額）	A	円
暦年課税に係る基礎控除額	B	1,100,000 円
Bの控除後の課税価格【A-B】	C	,000 円
Cに対する税額 ※ 下記の【速算表（特例贈与財産用）】を使用して計算します。 （申告書第一表の⑦欄に転記します。）	D	円

（例）特例贈与財産6,000,000円を取得した場合

特例贈与財産の価額の合計額（A）から暦年課税に係る基礎控除額（B）を控除した課税価格（C）に【速算表（特例贈与財産用）】を使用して税額（D）を計算します。

A6,000,000円 − B1,100,000円 = C4,900,000円
C4,900,000円 × 20%（特例税率）− 300,000円（控除額）= D680,000円

【速算表（特例贈与財産用）】

基礎控除後の課税価格	2,000千円以下	4,000千円以下	6,000千円以下	10,000千円以下	15,000千円以下	30,000千円以下	45,000千円以下	45,000千円超
特例税率	10%	15%	20%	30%	40%	45%	50%	55%
控除額（特例税率）	−	100千円	300千円	900千円	1,900千円	2,650千円	4,150千円	6,400千円

＜ご注意ください！＞　「特例税率」の適用を受ける場合で、次の①又は②のいずれかに該当するときは、贈与税の申告書とともに、贈与により財産を取得した人の戸籍の謄本又は抄本その他の書類でその人の氏名、生年月日及びその人が贈与者の直系卑属に該当することを証する書類を提出する必要があります。ただし、過去の年分において同じ贈与者からの贈与について「特例税率」の適用を受けるために当該書類を提出している場合には、申告書第一表の「過去の贈与税の申告状況」欄に、その提出した年分及び税務署名を記入します（当該書類を重ねて提出する必要はありません。）。
① 「特例贈与財産」のみの贈与を受けた場合で、その財産の価額から基礎控除額（1,100千円）を差し引いた後の課税価格が3,000千円を超えるとき
② 「一般贈与財産」と「特例贈与財産」の両方の贈与を受けた場合で、その両方の財産の価額の合計額から基礎控除額（1,100千円）を差し引いた後の課税価格が3,000千円を超えるとき
※「一般贈与財産」について配偶者控除の特例の適用を受ける場合には、配偶者控除額と基礎控除額（1,100千円）を差し引いた後の課税価格となります。

● 一般贈与財産のみを贈与により取得した場合（申告書第一表の①欄に金額の記載がない場合）

「特例税率」の適用がない贈与により取得した財産（「一般贈与財産」といいます。）に係る贈与税の額は、「一般税率」を適用して計算します。

一般贈与財産の価額の合計額（申告書第一表の②の金額）	A	円
配偶者控除額（申告書第一表の③の金額）	B	円
暦年課税に係る基礎控除額	C	1,100,000 円
B及びCの控除後の課税価格【A-B-C】	D	,000 円
Dに対する税額 ※ 下記の【速算表（一般贈与財産用）】を使用して計算します。 （申告書第一表の⑦欄に転記します。）	E	円

（例）一般贈与財産14,000,000円を取得した場合
（配偶者控除10,000,000円を適用する場合）

一般贈与財産の価額の合計額（A）から配偶者控除額（B）及び暦年課税に係る基礎控除額（C）を控除した課税価格（D）に【速算表（一般贈与財産用）】を使用して税額（E）を計算します。

A14,000,000円 − B10,000,000円 − C1,100,000円 = D2,900,000円
D2,900,000円 × 15%（一般税率）− 100,000円（控除額）= E335,000円

【速算表（一般贈与財産用）】

基礎控除後の課税価格	2,000千円以下	3,000千円以下	4,000千円以下	6,000千円以下	10,000千円以下	15,000千円以下	30,000千円以下	30,000千円超
一般税率	10%	15%	20%	30%	40%	45%	50%	55%
控除額（一般税率）	−	100千円	250千円	650千円	1,250千円	1,750千円	2,500千円	4,000千円

贈与税（暦年課税）の税額の計算明細

（注）この計算明細は、贈与税（暦年課税）の税額を算出するために使用するものですので、税務署に提出する必要はありません。

国税庁ホームページの「確定申告書等作成コーナー」では、贈与税の申告書が作成できます。画面の案内に沿って金額等を入力すれば、贈与税額などが自動で計算されますので、ご利用ください。

令和6年分以降用（特例贈与財産と一般贈与財産の両方を取得した場合用）

● 特例贈与財産と一般贈与財産の両方を贈与により取得した場合（申告書第一表の①欄及び②欄の両方に金額の記載がある場合）

「特例税率」及び「一般税率」の両方を適用して計算します。

特例贈与財産の価額の合計額（申告書第一表の①の金額）	A	円
一般贈与財産の価額の合計額（申告書第一表の②の金額）	B	円
配偶者控除額（申告書第一表の③の金額）	C	円
暦年課税分の課税価格の合計額【A+B-C】（申告書第一表の④の金額）	D	円
暦年課税に係る基礎控除額	E	1,100,000 円
Eの控除後の課税価格【D-E】（申告書第一表の⑥の金額）	F	,000 円
Fの金額に「特例税率」を適用した税額 ※ 下記の【速算表（特例贈与財産用）】を使用して計算します。	G	円
特例贈与財産に対応する税額【G×A／D】	H	円
Fの金額に「一般税率」を適用した税額 ※ 下記の【速算表（一般贈与財産用）】を使用して計算します。	I	円
一般贈与財産に対応する税額【I×（B-C）／D】	J	円
税額（H+J）（申告書第一表の⑦欄に転記します。）	K	円

（例）特例贈与財産 5,000,000 円及び一般贈与財産 10,000,000 円を取得した場合

特例贈与財産の価額【A】と一般贈与財産の価額【B】との合計額【D】から暦年課税に係る基礎控除額【E】を控除した後の課税価格【F】に【速算表（特例贈与財産用）】及び【速算表（一般贈与財産用）】を使用して計算した税額【G・I】について、それぞれ(1)及び(2)のとおり按分計算し、その合計額【K】を計算します。

(1) 特例贈与財産に対応する税額（G及びH欄の計算）
　　F 13,900,000 円×40%（特例税率）－1,900,000 円（控除額）＝ G 3,660,000 円
　　G 3,660,000 円×（A 5,000,000 円／D 15,000,000 円）
　　＝ H 1,220,000 円（注）1円未満の端数があるときは、その端数金額を切り捨てます。

(2) 一般贈与財産に対応する税額（I及びJ欄の計算）
　　F 13,900,000 円×45%（一般税率）－1,750,000 円（控除額）＝ I 4,505,000 円
　　I 4,505,000 円×（(B 10,000,000 円－C 0 円)／D 15,000,000 円）
　　＝ J 3,003,333 円（注）1円未満の端数があるときは、その端数金額を切り捨てます。

(3) 贈与税額の計算（K欄の計算）
　　H 1,220,000 円＋J 3,003,333 円＝ K 4,223,333 円

【速算表（特例贈与財産用）】

贈与により財産を取得した人（贈与を受けた年の1月1日において18歳以上の人に限ります。）が、直系尊属（父母や祖父母など）から贈与により取得した財産（「特例贈与財産」といいます。）に係る贈与税の額は、「特例税率」を適用して計算します。

基礎控除後の課税価格	2,000千円以下	4,000千円以下	6,000千円以下	10,000千円以下	15,000千円以下	30,000千円以下	45,000千円以下	45,000千円超
特例税率	10%	15%	20%	30%	40%	45%	50%	55%
控除額（特例税率）	－	100千円	300千円	900千円	1,900千円	2,650千円	4,150千円	6,400千円

＜ご注意ください！＞　「特例税率」の適用を受ける場合で、次の①又は②のいずれかに該当するときは、贈与税の申告書とともに、贈与により財産を取得した人の戸籍の謄本又は抄本その他の書類でその人の氏名、生年月日及びその人が贈与者の直系卑属に該当することを証する書類を提出する必要があります。ただし、過去の年分において同じ贈与者からの贈与について「特例税率」の適用を受けるために当該書類を提出している場合には、申告書第一表の「過去の贈与税の申告状況」欄に、その提出した年分及び税務署名を記入します（当該書類を重ねて提出する必要はありません。）。
① 「特例贈与財産」のみの贈与を受けた場合で、その財産の価額から基礎控除額（1,100千円）を差し引いた後の課税価格が 3,000千円を超えるとき
② 「一般贈与財産」と「特例贈与財産」の両方の贈与を受けた場合で、その両方の財産の価額の合計額から基礎控除額（1,100千円）を差し引いた後の課税価格が 3,000千円を超えるとき
※「一般贈与財産」について配偶者控除の特例の適用を受ける場合には、配偶者控除額と基礎控除額（1,100千円）を差し引いた後の課税価格となります。

【速算表（一般贈与財産用）】

「特例税率」の適用がない贈与により取得した財産（「一般贈与財産」といいます。）に係る贈与税の額は、「一般税率」を適用して計算します。

基礎控除後の課税価格	2,000千円以下	3,000千円以下	4,000千円以下	6,000千円以下	10,000千円以下	15,000千円以下	30,000千円以下	30,000千円超
一般税率	10%	15%	20%	30%	40%	45%	50%	55%
控除額（一般税率）	－	100千円	250千円	650千円	1,250千円	1,750千円	2,500千円	4,000千円

令和6年分贈与税の申告書（住宅取得等資金の非課税の計算明細書）

FD4771

受贈者の氏名　_____

第一表の二（令和6年分用）
（第一表の二は、必要な添付書類とともに申告書第一表と一緒に提出してください。）

提出用

次の住宅取得等資金の非課税の適用を受ける人は、□の中にレ印を記入してください。

□ 私は、租税特別措置法第70条の2第1項の規定による住宅取得等資金の非課税の適用を受けます。(注1)

（単位：円）

住宅取得等資金の非課税分

贈与者の住所・氏名(フリガナ)・申告者との続柄・生年月日	取得した財産の所在場所等	住宅取得等資金を取得した年月日／住宅取得等資金の金額
住所／氏名／続柄（1.父 2.母 3.祖父 4.祖母 5.上記以外）／生年月日（1.明治 2.大正 3.昭和 4.平成）		令和　年　月　日／令和　年　月　日

住宅取得等資金の合計額　㊳

贈与者の住所・氏名(フリガナ)・申告者との続柄・生年月日	取得した財産の所在場所等	住宅取得等資金を取得した年月日／住宅取得等資金の金額
住所／氏名／続柄（1.父 2.母 3.祖父 4.祖母 5.上記以外）／生年月日（1.明治 2.大正 3.昭和 4.平成）		令和　年　月　日／令和　年　月　日

住宅取得等資金の合計額　㊴

住宅資金非課税限度額（1,000万円又は500万円）（注2）　㊵

㊳のうち非課税の適用を受ける金額　㊸
㊴のうち非課税の適用を受ける金額　㊹
非課税の適用を受ける金額の合計額（㊸＋㊹）（㊵の金額を限度とします。）　㊺
㊳のうち課税価格に算入される金額（㊳－㊸）（㊸に係る贈与者の「財産の価額」欄（申告書第一表又は第二表）にこの金額を転記します。）　㊻
㊴のうち課税価格に算入される金額（㊴－㊹）（㊹に係る贈与者の「財産の価額」欄（申告書第一表又は第二表）にこの金額を転記します。）　㊼

不動産番号等の明細

新築・取得・増改築等をした住宅用の家屋等の登記事項証明書等に記載されている13桁の不動産番号等を記入してください。
※ 不動産番号の記載されている書類の写しを添付した場合には下記の記入を省略できます。

不動産の種類	所在及び家屋番号・地番	不動産番号
□土地 □建物		
□土地 □建物		

(注1) 住宅取得等資金の非課税の適用を受ける人で、令和6年分の所得税及び復興特別所得税の確定申告書を提出した人は□の中にレ印を記入し、提出していない人は合計所得金額を明らかにする書類を贈与税の申告書に添付する必要があります（令和6年分の所得税に係る合計所得金額が2,000万円超（新築若しくは取得又は増改築等をした住宅用の家屋の床面積が50㎡未満である場合は1,000万円超）の場合には、住宅取得等資金の非課税の適用を受けることができません。）。

　　　□ 私は、令和6年分の所得税及び復興特別所得税の確定申告書を所轄税務署長へ提出しました。

(注2) 新築若しくは取得又は増改築等をした住宅用の家屋が、一定の省エネルギー性、耐震性又はバリアフリー性を満たす住宅用の家屋（租税特別措置法施行令第40条の4の2第8項又は第9項の規定により証明がされたものをいいます。）である場合は「1,000万円」と、それ以外の住宅用の家屋である場合は「500万円」となります。

(注3) 住宅取得等資金の非課税又は住宅取得等資金の贈与を受けた場合の相続時精算課税選択の特例（以下、これらを「住宅取得等資金の贈与の特例」といいます。）の適用を受ける人が、所得税の住宅借入金等特別控除の適用を受ける場合には、住宅借入金等特別控除額の計算上、住宅の取得等又は住宅の増改築等の対価等の額から住宅取得等資金の贈与の特例の適用を受けた部分の金額を差し引く必要がありますのでご注意ください。

※ 税務署整理欄　整理番号　　　　　名簿　　　　確認

＊ 欄には記入しないでください。

令和 ⓪□ 年分贈与税の申告書（相続時精算課税の計算明細書）　FD4738

第二表（令和6年分以降用）（第二表は、必要な添付書類とともに申告書第一表と一緒に提出してください。）

提出用

受贈者の氏名　＿＿＿＿

次の特例の適用を受ける場合には、□の中にレ印を記入してください。
□ 私は、租税特別措置法第70条の3第1項の規定による**相続時精算課税選択の特例**の適用を受けます。
（単位：円）

特定贈与者の住所・氏名(フリガナ)・申告者との続柄・生年月日	左の特定贈与者から取得した財産	種類 細目 利用区分・銘柄等 所在場所等	財産を取得した年月日 財産の価額 数量 単価 固定資産税 倍数 評価額

（相続時精算課税）

住所

フリガナ

氏名

続柄　父1、母2、祖父3、祖母4、1〜4以外5

生年月日　明治1、大正2、昭和3、平成4

令和　年　月　日　　　円　円　倍

令和　年　月　日　　　円　円　倍

令和　年　月　日　　　円　円　倍

税額の計算	財産の価額の合計額（課税価格）	㉖	
基礎の控除額	特定贈与者ごとの贈与税の課税価格の合計額（注1）	㉗	
	相続時精算課税に係る基礎控除額（110万円×㉙÷㉗）（注2）	㉘	
	㉘の控除後の課税価格（㉖−㉘）	㉙	
特別控除額の計算	過去の年分の申告において控除した特別控除額の合計額（最高2,500万円）	㉚	
	特別控除額の残額（2,500万円−㉚）	㉛	
	特別控除額（㉙の金額と㉛の金額のいずれか低い金額）	㉜	
	翌年以降に繰り越される特別控除額（2,500万円−㉚−㉜）	㉝	
税額の計算	㉜の控除後の課税価格（㉙−㉜）【1,000円未満切捨て】	㉞	000
	㉞に対する税額（㉞×20%）	㉟	00
	外国税額の控除額（外国にある財産の贈与を受けた場合で、外国の贈与税を課せられたときに記入します。）	㊱	
	差引税額（㉟−㊱）	㊲	

上記の特定贈与者からの贈与により取得した財産に係る過去の相続時精算課税選択届出書の提出又は相続時精算課税分の贈与税の申告状況

提出・申告した税務署名	提出・申告した年分	受贈者の住所及び氏名（「相続時精算課税選択届出書」に記載した住所・氏名と異なる場合にのみ記入します。）
署	平成/令和　年分	
署	平成/令和　年分	
署	平成/令和　年分	

← 上記の欄に記入しきれないときは、適宜の用紙に記載し提出してください。

(注1) 特定贈与者ごとの第二表の㉖の金額の合計額を記載します。
　　　なお、年の中途において死亡した特定贈与者がいる場合には、その特定贈与者からの贈与により取得した財産の価額の合計額も加算します（その特定贈与者に係る第二表の作成の必要はありません。）。
(注2) ㉘欄の金額に1円未満の端数がある場合には、特定贈与者ごとの相続時精算課税に係る基礎控除額の合計額が110万円になるようにその端数を調整してください。

◎ 上記に記載された特定贈与者からの贈与について初めて相続時精算課税の適用を受ける場合には、「相続時精算課税選択届出書」を必ず提出してください。なお、同じ特定贈与者から翌年以降財産の贈与を受けた場合には、「相続時精算課税選択届出書」を改めて提出する必要はありません。

＊税務署整理欄　整理番号　□□□□□□　名簿　□　届出番号　□□□□□□−□
　　　　　　　財産細目コード　□□□□　確認　□

＊欄には記入しないでください。

（資5-10-2-1-A4統一）（令6.12）

相続時精算課税選択届出書

（令和6年分以降用）

税務署受付印

_____ 税務署長
令和__年__月__日

受贈者
- 住所又は居所　〒　電話（ － － ）
- フリガナ
- 氏名（生年月日）　（大・昭・平　年　月　日）
- 個人番号
- 特定贈与者との続柄

「相続時精算課税選択届出書」は、必要な添付書類と一緒に提出してください。

私は、下記の特定贈与者から令和__年中に贈与を受けた財産については、相続税法第21条の9第1項の規定の適用を受けることとしましたので、下記の書類を添えて届け出ます。

記

1　特定贈与者に関する事項

住所又は居所	
フリガナ	
氏名	
生年月日	明・大・昭・平　年　月　日

2　年の途中で特定贈与者の推定相続人又は孫となった場合

推定相続人又は孫となった理由	
推定相続人又は孫となった年月日	令和　年　月　日

（注）孫が年の途中で特定贈与者の推定相続人となった場合で、推定相続人となった時前の特定贈与者からの贈与について相続時精算課税の適用を受けるときには、記入は要しません。

3　相続時精算課税選択届出書の提出方法（該当する場合は、□に✓印を記入してください。）

□　私は、贈与税の申告書を提出しないため、相続時精算課税選択届出書を単独で提出します。

（注）贈与税の申告書を提出する場合には、贈与税の申告書（第一表及び第二表）に添付して提出する必要があります。

4　添付書類（次の書類の添付がなされているか確認の上、□に✓印を記入してください。）

□　受贈者や特定贈与者の戸籍の謄本又は抄本その他の書類で、次の内容を証する書類（贈与を受けた日以後に作成されたものを提出してください。）
　（1）受贈者の氏名、生年月日
　（2）受贈者が特定贈与者の直系卑属である推定相続人又は孫であること

　（※）1　租税特別措置法第70条の6の8（個人の事業用資産についての贈与税の納税猶予及び免除）の適用を受ける特例事業受贈者が同法第70条の2の7（（相続時精算課税適用者の特例））の適用を受ける場合には、「(1)の内容を証する書類」及び「その特例事業受贈者が特定贈与者からの贈与により租税特別措置法第70条の6の8第1項に規定する特例受贈事業用資産の取得をしたことを証する書類」となります。
　　2　租税特別措置法第70条の7の5（非上場株式等についての贈与税の納税猶予及び免除の特例）の適用を受ける特例経営承継受贈者が同法第70条の2の8（（相続時精算課税適用者の特例））の適用を受ける場合には、「(1)の内容を証する書類」及び「その特例経営承継受贈者が特定贈与者からの贈与により租税特別措置法第70条の7の5第1項に規定する特例対象受贈非上場株式等の取得をしたことを証する書類」となります。

（注）この届出書の提出により、特定贈与者からの贈与については、特定贈与者に相続が開始するまで相続時精算課税の適用が継続されるとともに、その贈与を受ける財産の価額は、相続税の課税価格に加算されます（この届出書による相続時精算課税の選択は撤回することができません。）。

作成税理士　　　　　　　　　電話番号

※税務署整理欄	届出番号	名簿番号	確認	番号確認	身元確認	確認書類
	通信日付印　年　月　日	（確認者）		□済 □未済		個人番号カード／通知カード・運転免許証　その他（　　）

※欄には記入しないでください。

（資5-42-A4統一）（令6.12）

相続時精算課税選択届出書付表

受贈者の氏名 _____

（令和6年分以降用）

5　受贈者の相続開始年月日
　　令和　　　年　　　月　　　日

6　受贈者の相続人に関する事項

	1	2
住所又は居所	〒　　　電話（　-　-　）	〒　　　電話（　-　-　）
フリガナ		
氏名		
個人番号		
生年月日	大・昭・平・令　年　月　日	大・昭・平・令　年　月　日
受贈者との続柄		

	3	4
住所又は居所	〒　　　電話（　-　-　）	〒　　　電話（　-　-　）
フリガナ		
氏名		
個人番号		
生年月日	大・昭・平・令　年　月　日	大・昭・平・令　年　月　日
受贈者との続柄		

（注）受贈者の相続人（包括受遺者を含みます。）に特定贈与者がいる場合は、特定贈与者の記入は必要ありません。
　　　また、その相続人が2人以上いる場合には、その全ての相続人が連署しなければなりません。

7　相続人等の代表者の指定

代表者の氏名 _____

（注）代表者を指定されるときは、その代表者の氏名を記入してください。

8　添付書類（次の書類の添付がなされているか確認の上、□に✓印を記入してください。）

□　上記6に記入した者の戸籍の謄本又は抄本その他の書類で、受贈者の全ての相続人（包括受遺者を含み、特定贈与者を除きます。）を明らかにする書類（贈与を受けた日以後に作成されたものを提出してください。）

（注）この付表は、受贈者の相続開始を知った日の翌日から10か月以内に、その受贈者の相続人（包括受遺者を含み、特定贈与者を除きます。）が、「相続時精算課税選択届出書」と一緒に提出してください。

※　税務署整理欄（記入しないでください。）

	番号確認	身元確認	確認書類		番号確認	身元確認	確認書類
1		□済　□未済	個人番号カード／通知カード・運転免許証　その他（　）	2		□済　□未済	個人番号カード／通知カード・運転免許証　その他（　）
3		□済　□未済	個人番号カード／通知カード・運転免許証　その他（　）	4		□済　□未済	個人番号カード／通知カード・運転免許証　その他（　）

(資5－43－A4統一)（令6.12）

【著者紹介】

松岡　章夫（まつおか　あきお）

昭和33年東京都生まれ。早稲田大学商学部卒業、筑波大学大学院企業法学専攻修士課程終了。大蔵省理財局、東京国税局税務相談室等を経て、平成5年3月国税庁資料調査課を最後に退職。平成7年8月税理士事務所開設、平成16・17・18年度税理士試験試験委員。他に東京地方裁判所属民事調停委員、全国事業再生税理士ネットワーク副代表幹事、早稲田大学大学院（会計研究科）非常勤講師など。

〔主な著書〕

平成16～令和6年度「税制改正早わかり」、「令和6年12月改訂　所得税・個人住民税ガイドブック」、「4訂版　不動産オーナーのための会社活用と税務」、「令和6年版　Q&A241問　相続税　小規模宅地等の特例」、「令和4年版　図解　事業承継税制」、「個人版事業承継税制のポイント」、「法務・税務からみた配偶者居住権のポイント」、「ゼミナール相続税法」、「令和5年からはじめる計画的生前贈与のシミュレーション」（いずれも大蔵財務協会刊）など。

山岡　美樹（やまおか　よしき）

昭和33年愛知県生まれ。横浜国立大学経営学部卒業。東京国税局課税第一部審理課、資産課税課等を経て、平成20年7月総務部税務相談室を最後に退職。同年8月税理士登録。文京学院大学大学院客員教授。

〔主な著書〕

「令和4年版　図解　事業承継税制」、「個人版事業承継税制のポイント」、「改訂版　資産税調査における是否認の接点」、「令和6年版　Q&A241問　相続税　小規模宅地等の特例」（共著・大蔵財務協会刊）、「令和5年からはじめる計画的生前贈与のシミュレーション」「相続税・贈与税　特例の判定と税務処理」（共著・新日本法規）

大蔵財務協会は、財務・税務行政の改良、発達およびこれらに関する知識の啓蒙普及を目的とする公益法人として、昭和十一年に発足しました。爾来、ひろく読者の皆様からのご支持をいただいて、出版事業の充実に努めてきたところであります。
　今日、国の財政や税務行政は、私たちの日々のくらしと密接に関連しており、そのため多種多様な施策の情報をできる限り速く、正確にかつ分かり易く国民の皆様にお伝えすることの必要性、重要性はますます大きくなっております。
　このような状況のもとで、当協会は現在、「税のしるべ」（週刊）、「国税速報」（週刊）の定期刊行物をはじめ、各種書籍の刊行を通じて、財政や税務行政についての情報の伝達と知識の普及につとめております。また、日本の将来を担う児童・生徒を対象とした租税教育活動にも、力を注いでいるところであります。
　今後とも、国民・納税者の方々のニーズを的確に把握し、より質の高い情報を提供するとともに、各種の活動を通じてその使命を果たしてまいりたいと考えておりますので、ご叱正・ご指導を賜りますよう、宜しくお願い申し上げます。

一般財団法人　大蔵財務協会
理事長　木　村　幸　俊

相続を見据えた計画的な生前贈与のポイント

令和7年1月29日　初版印刷
令和7年2月20日　初版発行

不許
複製

著　者　松　岡　章　夫
　　　　山　岡　美　樹
（一財）大蔵財務協会　理事長
発行者　木　村　幸　俊

発行所　一般財団法人　大蔵財務協会
〔郵便番号　130-8585〕
東京都墨田区東駒形1丁目14番1号
（販　売　部）TEL 03（3829）4141・FAX 03（3829）4001
（出版編集部）TEL 03（3829）4142・FAX 03（3829）4005
https://www.zaikyo.or.jp

乱丁・落丁はお取替えいたします。
ISBN 978-4-7547-3296-7

印刷　恵友社